ÉTUDE

SUR LA

PROCÉDURE CRIMINELLE

EN ANGLETERRE ET EN ÉCOSSE

PAR

M. LUCIEN GUÉRIN

Avocat à la Cour d'appel de Paris.

(EXTRAIT du *Bulletin de la Société de Législation comparée*.)

Prix : 2 francs.

PARIS

LIBRAIRIE COTILLON

F. PICHON, SUCCESSEUR, ÉDITEUR

Libraire du Conseil d'État et de la Société de Législation comparée

24, rue Soufflot, 24

1890

ÉTUDE

SUR LA

PROCÉDURE CRIMINELLE

EN ANGLETERRE ET EN ÉCOSSE

ÉTUDE

PROCÉDURE CRIMINELLE

EN ANGLETERRE ET EN ÉCOSSE

PAR

M. Lucien GUÉRIN

Avocat à la Cour d'appel de Paris.

(EXTRAIT du *Bulletin de la Société de Législation comparee*.)

PARIS

LIBRAIRIE COTILLON

F. PICHON, SUCCESSEUR, ÉDITEUR

Libraire du Conseil d'État et de la Société de Législation comparée

24, rue Soufflot, 24

1890

ÉTUDE

SUR LA

PROCÉDURE CRIMINELLE

EN ANGLETERRE ET EN ÉCOSSE

PREMIÈRE PARTIE

LA PROCÉDURE CRIMINELLE EN ANGLETERRE

L'étude de la procédure criminelle en Angleterre présente un intérêt tout particulier pour ceux des jurisconsultes de notre pays qui recherchent les lois générales présidant à l'élaboration et à la fixation des grands principes du droit. Cet intérêt résulte, en premier lieu, des différences profondes qui la séparent de celles de nos institutions qui tendent au même but, et, en second lieu, de ce que cette partie de la législation anglaise porte au plus haut degré l'empreinte des causes primordiales qui, de l'autre côté de la Manche, ont dirigé la formation du droit.

Les jurisconsultes français, imbus de cet esprit classique, inhérent à notre race, qui les poussait à rechercher l'ordre, la symétrie, à dégager des principes et à en poursuivre les conséquences logiques parfois les plus extrêmes, ont manifesté de très bonne heure leur sympathie pour la codification. Antérieurement à la rédaction de nos codes, cette tendance se manifesta par deux faits principaux : l'enthousiasme avec lequel fut reçu le droit romain compilé par Justinien, et les tentatives faites de bonne heure pour arriver à constituer un droit commun, un *common law* applicable à toutes les parties de la France, réuni en un seul corps de lois.

Les jurisconsultes anglais, moins amoureux d'ordre et d'harmonie, ont élevé lentement un édifice juridique auquel ils ont su conserver jusqu'à nos jours les caractères que lui ont donné les causes sous l'influence desquels il a été formé. Comme le droit d'Édouard le Confesseur, le droit anglais actuel est encore aujourd'hui en grande partie historique et coutumier : coutumier, comme ayant été organisé presque de toutes pièces par le *mos majorum*, historique, en ce sens que le développement du droit y est entièrement lié à l'histoire, nombre d'institutions juridiques se rattachant à des événements politiques auxquels elles doivent naissance (1).

La procédure criminelle porte surtout l'empreinte de ce dernier caractère. L'histoire de sa formation est intimement liée à celle du développement des libertés publiques. Chacune des institutions qui la composent a dû être conquise péniblement ou conservée par de longues luttes contre le pouvoir royal : car la procédure criminelle est une arme à double tranchant. Elle est la protectrice de la sécurité des personnes et des propriétés quand elle sert à réprimer les crimes et les délits du droit commun ; mais elle peut devenir, en poursuivant la répression des crimes et délits dits politiques, le plus sûr instrument du despotisme.

C'est sur cet esprit général de la procédure criminelle en Angleterre que nous devons appeler l'attention des jurisconsultes français. Il leur donnera la raison d'être des principales différences qui la séparent de notre Code d'instruction criminelle. Ce code a été élaboré à une époque où chacun sentait la nécessité de fortifier le pouvoir central, où sortant de l'anarchie du Directoire on acceptait comme un bienfait la main de fer du gouvernement impérial. Aussi ce code contient-il encore aujourd'hui un appareil menaçant pour la liberté des citoyens qui n'ont guère de garanties que dans l'esprit d'équité des magistrats chargés de l'appliquer. Cette garantie n'a point fait défaut, mais elle est fragile et il serait désirable qu'elle fût remplacée par d'autres inscrites dans nos lois.

Le mode de formation des règles de la procédure criminelle de l'Angleterre devait amener fatalement un résultat contraire à celui produit chez nous par la codification. Conservées soigneusement par des traditions séculaires, les règles de l'instruction criminelle y sont encore toutes tutélaires pour l'accusé. Mais aujourd'hui,

(1) « Ce qu'on estime dans le gouvernement anglais, c'est qu'il n'est pas « le fruit d'un dessein préconçu, c'est qu'il s'est formé de lui-même par des « expédients successifs et par l'adaptation d'un mécanisme créé originai- « rement dans un but différent » (St. Mill.) Cela est aussi vrai du droit.

l'instrument n'est plus adapté à son but, et les institutions qui ont pu garantir autrefois la liberté d'un grand citoyen ne profitent le plus souvent qu'à un vulgaire malfaiteur.

Obligés de restreindre le cadre de cette courte étude nous nous bornerons à exposer les grandes lignes de la procédure criminelle en prenant ces mots dans leur sens le plus étroit. Nous passerons donc sous silence et l'organisation de la justice criminelle et la répression des délits inférieurs punis par voie de *summary conviction*. Nous nous bornerons à exposer la procédure employée contre les *félonies* et les *misdemeanors*, rappelant que les *misdemeanors* sont des délits n'entraînant pas une peine supérieure à cinq ans d'emprisonnement, et que les *félonies* sont tous autres crimes ou délits punis d'une peine plus forte.

I

DES MOYENS DE PRÉVENIR LES CRIMES ET LES DÉLITS.
DE LA RECOGNIZANCE.

La mission de la procédure criminelle est double : elle doit non seulement poursuivre la répression de l'infraction commise, mais encore prévenir, s'il est possible, le fait délictueux. Ce dernier résultat est aussi le plus désirable, et l'on peut dire que la législation idéale en cette matière serait celle qui saurait si bien prévenir qu'il n'y aurait plus ni à poursuivre ni à punir. Mais arrêter ainsi le crime ou le délit, l'étouffer pour ainsi dire à sa naissance, est chose fort difficile. Si difficile même que les législateurs du continent n'ont point osé tenter de le faire d'une façon directe : ils se sont bornés à poursuivre ce *desideratum* d'une manière indirecte par l'organisation d'une police vigilante et par de bonnes lois criminelles, espérant retenir celui qui va devenir coupable par la crainte d'un châtiment prompt et infaillible. Mais l'espoir d'obtenir ainsi des résultats appréciables repose sur des bases bien fragiles. Les Anglais l'ont compris de fort bonne heure, et ont élaboré sur ce point délicat un ensemble de règles vraiment pratiques, donnant les meilleurs résultats, et dignes à tous égards d'être adoptées par d'autres nations, notamment dans notre pays où le juge est, comme chacun sait, impuissant à prévenir les tentatives coupables qu'il y a lieu d'appréhender contre les personnes ou contre les propriétés.

La justice préventive, en Angleterre, s'exerce principalement en obligeant la personne dont il y a quelque raison de suspecter la conduite future, à donner pleine assurance que le fait délictueux appréhendé ne sera pas commis, et cela en fournissant des gages ou en donnant des cautions qui répondent que la personne soupçonnée ne troublera pas la paix publique ou mènera une bonne conduite.

D'après Blackstone, l'origine de cette institution serait fort ancienne : le roi saxon Alfred, ayant établi les *decennaries* ou *frank pledges*, obligea chacun des hommes libres du même *tything* à se porter garant de la bonne conduite de ses concitoyens, et réciproquement. Cette forme rudimentaire de la *recognizance* disparut bientôt : elle fut remplacée par le système des sûretés particulières et spéciales fournies par la personne suspecte, dont il est déjà fait mention dans les lois d'Édouard le Confesseur (cap. 18), et qui est encore en vigueur aujourd'hui.

Toute personne suspecte peut être obligée de souscrire devant un tribunal ou devant un officier de justice, une obligation ou *recognizance*, dûment garantie, aux termes de laquelle elle se reconnaît débitrice de la Couronne pour une certaine somme, étant stipulé que l'obligation sera nulle et de nul effet si, pendant le temps fixé dans la *recognizance*, le débiteur a vécu en paix avec le souverain et son peuple, ou simplement avec la personne dont la sécurité est particulièrement menacée. La *recognizance* est donc une obligation sous condition suspensive. Si la condition vient à s'accomplir (ce qui arrivera lorsque la paix publique ou privée aura été troublée), la *recognizance* est dite *forfeited* et le souscripteur, ainsi que les cautions qu'il a dû fournir deviennent débiteurs purs et simples envers la Couronne des sommes pour lesquelles ils se sont engagées.

Les enfants, ne pouvant contracter d'obligations, ne peuvent souscrire de *recognizances* : cette obligation doit être assumée par leurs amis, dans le cas où elle serait réclamée contre eux.

Il y a deux sortes de *recognizances* : *for the peace* et *for good behaviour*, que nous examinerons successivement, car elles sont régies par des règles, à certains égards, différentes.

Recognizance for the peace. — Tout *Justice of peace* peut *ex officio*, lier au moyen de *recognizances*, avec caution de maintenir la paix, toute personne qui, en sa présence, menace de tuer ou de frapper quelqu'un, sème la terreur, profère des paroles violentes, ou marche avec des armes qu'elle n'a point coutume de porter avec elle. Le *Justice* peut aussi exiger des *recognizances* de gens connus pour être habituellement chicaneurs (*common barrators*), des personnes que le constable lui amène comme coupables de *breach of the peace* (1), et enfin de celles qui ont *forteited* de précédentes *recognizances*.

Tout particulier peut demander *surety of the peace* (garantie de paix) contre toute personne qu'il a juste cause de soupçonner de vouloir brûler sa maison, de le tuer ou de le frapper, d'exciter d'autres personnes à se porter à de tels excès contre lui, etc. Le Justice doit faire droit à cette requête si le demandeur jure qu'il est actuellement sous la crainte de la mort ou d'un dommage corporel et s'il prouve qu'il a de sérieux motifs de redouter les menaces ou les tentatives d'autrui. Le demandeur devra en outre affirmer sous serment que sa requête n'est point faite par malice ou dans un but de vexation.

La personne obligée par le Justice à souscrire une *recognizance for the peace* doit fournir des cautions qui garantissent son obligation (2). Si elle ne trouve point de telles cautions, elle sera aussitôt emprisonnée jusqu'à ce qu'elle ait satisfait à cette condition. Aux termes des statuts 16 et 17 Vict. c. 30, la détention ne peut en ce cas excéder douze mois.

La recognizance for the peace souscrite au profit d'un particulier est *forfeited* par la violence actuelle, l'attaque, les menaces, etc., etc. Lorsqu'elle est imposée ex officio par le Justice, elle est *forfeited* par tout acte illégal qui tend à un breach of the peace, ou par tout acte de violence commise contre un sujet de la Couronne. Le simple fait de s'introduire sur le terrain d'autrui, sans rupture volontaire de la paix, ne constitue pas une *forfeiture* de la recognizance et ne donne lieu qu'à une action civile.

Recognizance for good abearance or good behaviour. — Cette recognizance renferme la security for the peace, et de plus un élément nouveau. Aux termes du statut 34, Édouard III, les Justices of peace peuvent l'exiger de toute personne qui ne jouit pas d'une bonne renommée. Se basant sur la généralité des termes employés

(1) Rupture de la paix publique. C'est un terme générique qui comprend un grand nombre de *felonies* et de *misdemeanors*, tels que les assemblées tumultueuses de plus de douze personnes ne se dispersant pas après sommation, le fait de marcher armé, les rixes sur la voie publique, *riots*, menaces, publication de libelles, etc.

(2) Le *justice* fixe la durée de la recognizance. A l'expiration du délai ainsi imparti, si la recognizance n'a pas été *forfeited*, les cautions sont déchargées.

par le statut : *that be not of good fame*, les jurisconsultes anglais ont pensé que l'on pouvait demander cette caution à celui qui donne des causes de scandale *contra bonos mores*, aussi bien qu'à celui qui agit *contra pacem*. Aussi de telles recognizances sont-elles exigées : de ceux qui fréquentent des maisons suspectes avec des femmes de mauvaise vie, de ceux qui gardent des femmes de mauvaise vie dans leur propre maison, ou prononcent des paroles injurieuses contre le gouvernement. Le juge peut encore imposer la recognizance for good behaviour aux rôdeurs de nuit, à des gens écoutant habituellement aux portes (*eaves droppers*), aux voleurs, à ceux qui dorment le jour et vaguent la nuit, aux ivrognes invétérés, aux vagabonds. Cette énumération d'espèces consacrées par la jurisprudence n'est nullement limitative, le juge jouissant d'un pouvoir discrétionnaire pour déterminer si telle personne est de bonne ou mauvaise renommée.

Comme la recognizance for the peace, la recognizance for good behaviour doit être garantie par des cautions solvables. Si la personne suspecte ne peut fournir de telles cautions, elle sera emprisonnée jusqu'à ce qu'elles aient été trouvées ; mais la durée de cette détention ne peut, comme dans le cas précédent, excéder douze mois.

La *forfeiture* de la *recognizance for good behaviour* résulte des mêmes causes que celle de la recognizance for the peace. En outre, la recognizance *for good behaviour* est *forfeited :* soit par des paroles tendant à provoquer une sédition, soit par l'accomplissement de tout acte visé spécialement par la recognizance et qu'elle avait pour but d'empêcher. Mais la simple suspicion de l'accomplissement de l'acte délictueux ne saurait entraîner ce résultat.

Aux termes du Criminal Law Consolidation Act de 1861 (24 et 25 Vict. c. 96, art. 147), une cour peut ajouter aux pénalités prononcées contre un individu coupable d'*indictable misdemeanor* l'obligation de fournir recognizance, soit for peace, soit for good behaviour, soit pour les deux chefs, ou même remplacer les pénalités encourues par les dites recognizances. En cas de felony, la cour peut ajouter aux peines prononcées l'obligation de fournir recognizance. Dans ces deux cas la détention infligée au prisonnier qui ne trouverait pas de caution ne peut excéder une année.

II

DANS QUELS CAS S'EXERCE L'ACTION PUBLIQUE, ET A QUI APPARTIENT
L'EXERCICE DE CETTE ACTION.

Peuvent être poursuivis et punis conformément aux lois criminelles anglaises :

1° Tous crimes ou délits commis :

Sur la terre d'Angleterre ;

Dans les limites de la mer territoriale. D'après le droit anglais,
la mer territoriale s'étend, soit dans un rayon d'une lieue marine
des côtes britanniques, soit à la distance considérée par les lois in-
ternationales comme étant dans la souveraineté de la Reine ;

Sur des vaisseaux anglais, par des sujets anglais ou des étrangers,
que ces vaisseaux se trouvent soit en peine mer, soit dans des ports
étrangers, soit dans les rivières que remontent les navires ;

Dans l'Inde par un Européen sur les sujets anglais ou les habitants du pays ;

Dans les colonies par les fonctionnaires coloniaux dans l'exercice
de leurs fonctions ou sous le prétexte de cet exercice ;

2° Aux actes de pirateries commis soit par des Anglais, soit par
des étrangers ;

3° Aux crimes de haute trahison commis par des sujets anglais
hors du royaume ;

4° Aux contraventions à la loi sur le commerce des esclaves commises soit sur le sol britannique, soit sur un lieu quelconque soumis à la protection de l'Amirauté ;

5° Au crime de bigamie commis à l'étranger par un sujet
anglais.

Toute personne, étranger ou régnicole, est soumise aux lois criminelles. La Reine et les ambassadeurs étrangers y sont seuls
soustraits. La Reine échappe absolument à toutes juridictions criminelles, au-dessus desquelles elle est placée. Le privilège des ambassadeurs étrangers n'a jamais été déterminé d'une manière bien
précise (1). En ce qui concerne les prisonniers de guerre détenus
en Angleterre contre leur volonté, et les personnes faisant partie

(1) Stephen, *Digest of law of criminal procedure,* art. 14.

de l'équipage de vaisseaux de guerre étrangers se trouvant dans les eaux britanniques, la question est controversée.

Il n'existe point, en Angleterre de ministère public chargé de poursuivre les infractions à la loi (1). Le système primitif de la poursuite privée est encore en vigueur aujourd'hui. L'action criminelle peut être intentée par toute personne, qu'elle soit lésée ou non. Les magistrats eux-mêmes n'ont pas le droit d'informer contre une personne sans qu'elle ait été l'objet d'une accusation précise; bien plus, ils ne peuvent obliger personne à poursuivre, sauf dans quelques cas très rares, notamment en cas de faux témoignage (14 et 15, Vict., c. 100, art. 19). Ce système qui, pendant de longs siècles, a été une garantie d'indépendance et de sécurité individuelle, a perdu, aujourd'hui, presque tous ses avantages, et donne lieu chaque jour à des faits scandaleux et quelquefois même absolument inouïs dans les annales du droit criminel (2). Aussi, un mouvement d'opinion s'était-il manifesté chez les jurisconsultes anglais en faveur de l'établissement d'un ministère public semblable à celui qui fonctionne sur le continent. Ce mouvement a abouti à la tentative timide faite par l'act du 3 juillet 1879 (42 et 43, Vict., c. 22) qui, en créant le directeur des poursuites criminelles, ne lui permet d'agir au début des poursuites qu'avec réserve et dans des cas exceptionnels. L'attorney général n'agissant que dans les procès politiques et dans certains cas d'une gravité exceptionnelle, nous pouvons dire que les poursuites sont, en fait, presque toujours dirigées soit par la partie lésée, soit par la police, soit dans les comtés par les greffiers de justice de paix.

L'action criminelle s'exerce donc de la même manière que l'action civile, le procès se poursuivant entre un demandeur et un défendeur. Cependant, quel que soit le poursuivant, l'action est toujours intentée au nom du Souverain, et toutes les formules indi-

---

(1) V. *Bulletin de la Société de législation*, 1876, étude de M. Chauveau sur la poursuite criminelle et le projet de création d'un ministère public.

(2) Ces inconvénients ont été exposés dans une étude de M. Babinet sur la loi anglaise du 3 juillet 1879, contenant une remarquable critique de la procédure criminelle anglaise (*Bulletin* de 1880, p. 260). Des efforts ont été faits par l'esprit d'association pour atténuer les vices de cette organisation. Des sociétés se sont formées pour poursuivre la répression de certains délits (associations pour la poursuite des vendeurs de gravures obscènes, des vols de chevaux, etc.). V. Mittermaier, *Hist. de la proc. crim. en Angleterre*, p. 95 et 96. Les paroisses ont même dans certains cas intenté les actions (Mittermaier, p. 98).

quent que le débat a lieu entre le prévenu et la Reine ; car la paix
publique, dont la Reine est la gardienne suprême, est intéressée
au plus haut degré dans les affaires criminelles.

Certaines administrations publiques, comme les Postes, la Monnaie, peuvent intenter des poursuites, mais seulement dans les cas
spéciaux et comme pourraient le faire de simples particuliers.

III

DE L'ARRESTATION ET DE LA CITATION.

Une personne prévenue de felony ou de misdemeanor peut être
arrêtée en vertu d'un *warrant* ou mandat délivré par un magistrat. Dans certains cas particuliers, des arrestations peuvent
même avoir lieu sans qu'aucun warrant ait été lancé. Nous examinerons successivement les arrestations effectuées en vertu d'un
warrant et celles effectuées sans warrant.

Arrestation en vertu d'un warrant. — Peuvent lancer des warrants contre toute personne accusée : le Conseil privé ou l'un des
secrétaires d'État, en cas de trahison ou de tout autre crime menaçant la sécurité du Gouvernement ; un juge du Banc de la Reine,
en cas de felony ou de tout autre délit susceptible d'être poursuivi
par indictment ou criminal information devant le Banc de la Reine ;
les Cours de Oyer et terminer, en cas de felonies ou de misdemeanors tombant sous leur juridiction. Dans la pratique, les warrants sont ordinairement délivrés par les justices of peace. Les explications qui vont suivre se réfèrent aux warrants de cette dernière
catégorie.

Lorsqu'une felony ou un misdemeanor est porté à la connaissance d'un Justice of peace et que la personne accusée d'en être
l'auteur réside dans les limites de la juridiction du justice ou est
supposée y résider, le justice doit délivrer un warrant pour appréhender la personne ainsi accusée toutes les fois que la dénonciation lui a été faite par écrit et que le poursuivant affirme les
faits sous serment. Lorsque la dénonciation a été faite verbalement, le Justice peut refuser de signer un warrant et ne lancer
qu'une simple citation.

Le warrant n'est exécutoire que dans les limites du district soumis à la juridiction du Justice signataire ; en cas de poursuite, il
peut être exécuté dans un rayon de sept milles au delà de la fron-

tière de ce district. Lorsque l'accusé se trouve dans les limites de la juridiction d'un autre Justice, le warrant ne peut être exécuté contre lui qu'à la condition d'être *backed*. Cette formalité consiste dans la présentation du warrant au Justice dans le district duquel il doit être exécuté : ce Justice sur la preuve faite par serment de l'authenticité du warrant, écrit au dos un ordre signé de sa main, et rend ainsi le warrant exécutoire dans les limites de sa circonscription.

Les warrants signés par le Lord Chief Justice ou par un juge du Banc de la Reine sont exécutoires dans toute l'Angleterre, mais ils n'ont effet en Écosse ou en Irlande qu'autant qu'ils ont été *backed* par l'officier ayant le pouvoir de lancer des warrants exécutoires dans le lieu où se trouve le prévenu. Réciproquement, les warrants délivrés en Écosse par le Lord Justice général, le Lord Chief Justice clerk, les lords commissaires of Justiciary, les sheriffs etc., en Irlande par les juges du Banc de la Reine, les Cours de Oyer et terminer, les Justices of peace ne sont exécutoires, en Angleterre, qu'après l'accomplissement des mêmes formalités.

L'ordre d'appréhender donné par le warrant doit être adressé soit à un constable ou à une personne nominativement désignés, soit au constable d'une paroisse, soit à tous les constables ou officiers de paix des districts, des comtés et même du Royaume. Le warrant doit énoncer le crime ou le délit, et indiquer le nom ou tout au moins donner la description de la personne qu'il s'agit d'arrêter.

Arrestations effectuées sans warrants. — Elles peuvent avoir lieu par un officier de police ou par un particulier.

Les officiers de police qui peuvent arrêter sans warrant, sont :

Les justices of peaces ;

Les shériffs ;

Les coroners ;

Les constables.

Ils peuvent exercer ce pouvoir contre toute personne :

a) Qu'ils ont lieu de supposer avoir commis une felony, qu'en fait une felony ait été commise ou non ;

b) Commettant un *breach of the peace* en leur présence ;

c) Qu'ils trouvent la nuit dormant ou vagabondant sur les grands chemins ou tout autre endroit, et qu'ils ont cause légitime de suspecter d'avoir commis ou d'être sur le point de commettre quelque felony punie par le *Larceny Act*, les *malicious injuries to properties Act* ou *Offences against the Persons Act ;*

d) Qu'ils rencontrent vaguant la nuit dans le district métropolitain sans pouvoir en donner un motif satisfaisant ou qu'ils soupçonnent de mauvais desseins ;

e) Contrevenant sur la voie publique aux Acts de 1839 et 1847 sur la police métropolitaine et sur celle des villes ;

f) Qu'ils ont d'une manière générale lieu de soupçonner d'avoir commis ou d'être sur le point de commettre une felony, un misdemeanor quelconque ;

Toute personne, officier de police ou simple particulier, peut arrêter sans warrant :

a) Celui qui commet une felony en sa présence ;

b) Celui qui a dangereusement blessé quelqu'un en sa présence ;

c) La personne soupçonnée de felony, si une felony a été réellement commise :

d) *Flagrante delicto* l'auteur d'un délit commis la nuit ;

e) Les individus en flagrant délit de contravention aux lois contre le vagabondage (*Vagrant Act*), le vol (*Larceny Act*), sur les monnaies (*Coinage offences Act*), etc.

Le braconnier peut être arrêté sans warrant par le propriétaire de la chasse ou par ses domestiques. D'une manière générale, le propriétaire peut arrêter sommairement toute personne coupable d'un délit portant atteinte à son droit de propriété.

Deux différences importantes séparent l'arrestation faite sans warrant par un officier de police de celle effectuée par un particulier : lorsqu'une personne est arrêtée comme soupçonnée d'un crime, et qu'en fait aucun crime n'a été commis, l'officier de police n'encourra aucune responsabilité s'il prouve avoir eu de raisonnables motifs de suspecter la personne arrêtée ; dans les mêmes circonstances, un particulier n'échappera à toute responsabilité qu'en prouvant non seulement qu'il avait des motifs légitimes d'agir comme il l'a fait, mais encore qu'un crime a été commis. — De plus, un particulier ne peut, sur un simple soupçon, enfoncer les portes d'une maison, ce qu'un constable peut faire, même sans warrant. — Mais ces différences entre le particulier et le constable disparaissent lorsque le particulier a agi *upon hue and cry*, c'est-à-dire a poursuivi le felon désigné par la clameur publique.

Lorsqu'un citoyen a pris une part active à l'arrestation d'un criminel, ultérieurement reconnu coupable et condamné, la Cour, en prononçant le jugement de condamnation peut enjoindre au sheriff du comté de lui remettre une somme constituant une indemnité raisonnable pour ses dépenses, pertes de temps, etc., etc.

Les tribunaux peuvent également allouer des indemnités aux familles des citoyens tués en tentant d'arrêter certains criminels, ainsi qu'aux personnes qui ont montré un grand courage en appréhendant un malfaiteur. Ces dispositions sont très sages et propres à pousser les citoyens à prêter main-forte aux agents de l'autorité. Nous reparlerons de ces indemnités en étudiant les condamnations prononcées.

Lorsque les dénonciations ont été faites verbalement, le justice, au lieu de lancer un warrant, ne délivre contre l'accusé qu'une simple citation à comparaître (*summon*). Si l'accusé ne comparaît point aux jour et lieu indiqués dans la citation, le justice peut signer un warrant à l'effet de le faire appréhender par les agents de la force publique et de le faire ainsi amener devant lui.

IV

DE L'INSTRUCTION ET DE LA MISE EN ACCUSATION.

Aucun Anglais ne peut être condamné, en Angleterre, pour felony ou misdemeanor s'il n'a été déclaré coupable par un verdict du jury. Mais avant de procéder au jugement par le jury, il importe de déterminer quelles personnes doivent être traduites devant les cours criminelles, et de fixer les faits qui doivent leur être reprochés. Dans ce but il y a lieu de procéder suivant des formes qui constituent ce que nous appelons l'instruction et la mise en accusation. En Angleterre, cette partie de la procédure peut avoir lieu de trois manières différentes ;

Par voie *d'indictment* devant le grand jury ;

Par *criminal information;*

Par enquête du coroner.

La procédure par indictment devand le grand jury est la plus usuellement employée. La procédure par enquête du coroner, autrefois fréquemment suivie dans la répression des crimes, est aujourd'hui de plus en plus abandonnée ; quant à la procédure par *criminal information,* elle ne s'applique guère qu'à quelques cas exceptionnels. Nous parlerons donc tout d'abord de l'instruction qui aboutit à l'indictment, et nous entrerons à ce sujet dans quelques détails nécessaires.

PROCÉDURE PAR INDICTMENT

I

DE L'INSTRUCTION PAR LE JUSTICE OF PEACE (1)

La personne arrêtée dans les circonstances que nous venons de retracer ou sommée de comparaître, est amenée ou se présente devant le justice of peace, qui remplit en cette circonstance une mission à peu près analogue à celle de notre juge d'instruction. Mais la mission remplie par le Justice est loin d'avoir l'importance de celle du magistrat français : les jurisconsultes anglais ne la considèrent que comme une enquête préliminaire ayant pour but d déterminer s'il y a des motifs suffisants pour mettre l'accusé en jugement.

Le Justice, en présence de l'accusé, entend les témoins à charge cités par le poursuivant. Le prévenu est admis à leur poser des questions, soit par lui-même, soit par la bouche de son conseil ou de son solicitor. Le droit pour l'accusé d'être assisté d'un conseil pendant cette partie de l'instance a été longtemps discuté, et l'on s'appuyait pour le lui refuser sur ce fait que l'instruction devant le justice ne constitue pas un procès (*trial*), mais seulement une enquête préliminaire : « Un attorney, dit Abbott, n'a pas le droit « d'assister à cette enquête. Mais la présence d'un attorney est « souvent autorisée par courtoisie ; son assistance est aussi quel- « quefois requise, et si son avis est demandé, il peut le donner ; « mais il ne doit point présenter d'observation s'il n'y est in- « vité (2). » D'après M. Stephen, le droit pour l'accusé d'être assisté d'un conseil serait incidemment reconnu par l'article 17 St. 11 et 12 Vict., c. 42. Dans la pratique, ce conseil paraît auto- risé à s'adresser au justice en faveur du prévenu, mais les juris-

---

(1) Cette partie de la procédure criminelle anglaise est étudiée avec beaucoup de soin dans un excellent travail de M. J. Kinghorn, *The preliminary investigation of crime*, publié dans le *Law Magazine* (vol. VII, 1881-82).

(2) *Abbott C. J. in the King. v. Borron* (3 B et A, 439), cité par M. Kinghorn, *op. cit.*

2

consultes reconnaissent que c'est par une pure tolérance·du justice qui possède un pouvoir discrétionnaire à cet égard (1).

Lorsque tous les témoins de l'accusation ont été entendus, le Justice donne lecture à l'accusé des dépositions faites contre lui, et lui adresse ensuite les paroles suivantes qui, bien que généralement employées n'ont rien de sacramentel, le Justice pouvant exprimer la même idée sous une forme différente :

« Désirez-vous répondre quelque chose aux témoignages que « vous venez d'entendre? Vous n'êtes point obligé de parler, mais « ce que vous direz sera recueilli par écrit et peut être invoqué « contre vous lors du jugement. »

Cette déclaration, dans laquelle le juge semble sacrifier les intérêts de la société qui, cependant, lui sont confiés, pour prendre ceux de l'accusé qui serait tenté de les négliger, possède un sens logique dans une procédure qui répugne à voir un coupable dans l'individu poursuivi. « Toute cette partie de notre procédure, dit « M. Kinghorn, est un effort organisé pour protéger (*yield*) l'ac- « cusé contre les attaques de cette société dont il a probablement « troublé la paix. » L'accusé ne peut être témoin contre lui-même. L'on peut dire que l'interrogatoire, dont nos juges d'instruction savent tirer si grand parti pour la défense de la société, est méconnu en Angleterre, car l'on ne peut donner le nom d'interrogatoire à une invitation faite dans les termes que nous venons de rapporter et à laquelle l'accusé répond le plus souvent par une simple dénégation.

Cependant, sur ce point comme sur beaucoup d'autres, la procédure anglaise tend à se modifier et à emprunter les errements en usage sur le continent. Une loi de 1885 décide que tout inculpé de crimes contre les personnes, notamment l'enlèvement, la séduction, l'attentat sur une jeune fille au-dessous de l'âge fixé par la loi, sera, s'il le désire, témoin dans sa propre cause, mais ne pourra y être forcé. Enfin un bill intitulé : *Law of evidence amendment*, bill permettant à l'accusé de témoigner dans sa propre cause a été voté au mois de mars 1886, en première lecture, par la Chambre des communes (2).

Les réponses faites par le prisonnier sont recueillies par écrit. Il lui en est donné lecture, puis le Justice revêt de sa signature le procès-verbal ainsi dressé et lu.

(1) Stephen, *Law of criminal procedure*, art. 110.
(2) V. *Annuaire*, 1887, p. 32.

Le Justice demande ensuite à l'accusé s'il désire produire des témoins à décharge. Dans l'affirmative, le Justice appelle ces témoins et procède à leur interrogatoire en présence de l'accusé. Les témoins à décharge peuvent établir toute circonstance ou relater tous faits qui tendent à prouver l'innocence de l'accusé, mais, sauf dans le cas de délits de presse, ils ne peuvent justifier ou excuser le fait illégal qui a été commis.

Les témoins sont appelés par des citations (*summons*) délivrées par le Justice, *under his hand ant seal*. S'ils ne se présentent point aux jour, lieu et heure indiqués dans la sommation et ne justifient point d'une excuse suffisante, le Justice peut lancer contre eux un warrant pour les contraindre à comparaître. Ce warrant doit être *backed* comme le warrant d'arrestation dès qu'il y a lieu de le faire exécuter en dehors des limites de la juridiction du Justice qui l'a émis.

Lorsqu'un témoin, interrogé par le Justice, refuse de se laisser examiner et de répondre aux questions qui lui sont posées, le Justice peut le faire emprisonner dans le *common gaol* ou dans la maison de correction du district pendant sept jours au plus. Si, pendant cette détention, le témoin consentait à répondre sur les points divers de l'accusation ou de la défense, il serait mis en liberté *ipso facto*.

Au lieu d'une citation, le Justice peut délivrer immédiatement un warrant contre un témoin, lorsqu'il lui est démontré que ce témoin ne comparaîtra devant lui que contraint et forcé.

Les dépositions des témoins sont recueillies par écrit et signées des témoins et du Justice. L'accusé, jusqu'au premier jour des assises ou de la cession de la Cour dans laquelle il doit être jugé, peut s'en faire délivrer une copie, moyennant le paiement d'un droit qui n'excède pas 3 demi-pence par feuille contenant 90 mots.

Le Justice peut imposer à un témoin et même au poursuivant (*prosecutor*) l'obligation de souscrire une recognizance valablement cautionnée garantissant la comparution du souscripteur devant la Cour par laquelle l'affaire doit être jugée. Lorsqu'un témoin se refuse à souscrire cette recognizance, le Justice peut, au moyen d'un warrant, le faire emprisonner jusqu'au jour du jugement. Si, pendant la détention, le témoin se décide à souscrire la recognizance que l'on attendait de lui, il est aussitôt mis en liberté.

Au cours de l'instruction, le Justice peut délivrer des mandats de recherches (*search warrants*) autorisant des perquisitions chez les particuliers, lorsqu'il ressort des dépositions faites devant lui que les personnes visées dans les search warrants détiennent des objets volés, un matériel nécessaire à la fabrication de la fausse monnaie ou à l'émission de faux billets de banque, des substances explosibles, etc.

Quand le Justice, après avoir employé pour s'éclairer tous les moyens d'information est d'avis que les charges ne sont pas suffisantes pour qu'il y ait lieu de mettre l'accusé en jugement, il doit donner l'ordre de le décharger de la poursuite et de le mettre en liberté. Lorsqu'au contraire, il résulte de cette instruction de fortes présomptions en faveur de la culpabilité, le Justice délivre un warrant à l'effet d'enfermer l'accusé dans la prison du district. Ce dépôt porte le nom de *commitment* et l'accusé ainsi emprisonné est dit *committed*.

Nous avons supposé jusqu'ici que cette instruction était accomplie en une seule séance, à l'issue de laquelle le Justice, après avoir entendu les témoins tant à charge qu'à décharge, déclarait l'accusé *commited* ou *discharged*. Lorsque l'instruction ne peut être terminée le premier jour, le Justice délivre un warrant aux termes duquel l'accusé est gardé à sa disposition pour une seconde comparution, et ainsi de suite tant qu'il sera nécessaire pourvu que la détention ainsi infligée à l'accusé ne dure pas plus de huit jours. Le warrant peut être délivré verbalement quand cette détention ne doit pas excéder trois jours (1).

De la mise en liberté sous caution. — Dans la plupart des cas, la personne accusée et *committed for trial* peut demander au justice et obtenir sa mise en liberté sous caution. Cette faculté constitue une des libertés dont les Anglais se montrent le plus jaloux. C'est, en effet, une de celles qu'ils ont eu le plus de peine à conquérir, car ce n'est que par le fameux Act d'Habeas corpus qu'elle fut consacrée législativement (St. 31 Car. II, c. 2).

Toute personne prévenue de *misdemeanor* a le droit d'obtenir sa mise en liberté sous caution (*bail*), sauf en certains cas particuliers, notamment lorsqu'elle est accusée d'avoir reçu des objets volés, de parjure, de violence contre un officier de police accomplissant son devoir, de tentative de felony, attaque dans le but de commettre une felony, etc., etc. (11 et 12 Vict., c. 42). Ces délits particuliers sont assimilés à ce point de vue aux félonies.

---

(1) Grâce à ces dispositions, l'instruction préparatoire paraît se faire rapidement. V. Mittermaier et les exemples cités par lui, p. 110 et suiv.

Lorsque l'accusé est prévenu de felony ou d'un des délits particuliers dont nous venons de parler, le Justice possède un pouvoir discrétionnaire et peut soit recevoir une caution, soit renvoyer l'accusé en prison.

Ainsi, la mise en liberté sous caution est un droit pour l'accusé en matière de *misdemeanors*. Lorsqu'il s'agit de félonies ou de misdemeanors qui leur sont assimilés, elle est une faculté pour le Justice. Dans les cas où le crime présente un caractère particulièrement ignoble, le juge peut opposer un refus absolu de recevoir une caution (1).

Il est interdit au Justice de mettre en liberté sous caution une personne inculpée de trahison. Seuls, les secrétaires d'État, le Banc de la Reine ou un juge du Banc de la Reine en vacation peuvent accorder cette faveur.

Le magistrat qui refuse la mise en liberté sous caution à une personne ayant droit de l'obtenir et qui invoque ce droit, celui qui oppose des délais et des lenteurs vexatoires quand elle est requise, sont coupables d'atteinte à la liberté d'un sujet et punis par les lois (3 Edw. I c. 15 et Habeas corpus act., 31 Car. II, c. 2) (2). Il est défendu aux Justices de tourner cette disposition de la loi en exigeant une caution hors de proportion avec le fait délictueux ; mais, par contre, le Justice qui se serait contenté d'une caution insuffisante serait condamné à une amende si le coupable ne comparaissait pas.

Le Justice qui a refusé d'accorder la mise en liberté sous caution à une personne prévenue de felony ou d'un délit qui y est assimilé peut, jusqu'au premier jour de la session d'assises dans laquelle l'affaire doit être jugée, revenir sur sa décision. Dans ce cas, la décision accordant la mise en liberté sous caution est inscrite, par lui, au dos du *warrant of commitment*, et ce warrant ainsi endossé forme le titre qui permet au prisonnier d'obtenir sa mise en liberté dès que les cautions sont reçues.

Dans toute cette matière, le Banc de la Reine exerce une juridiction suprême et peut autoriser la mise en liberté sous caution, non

----

(1) Mittermaier, p. 182 et exemples cités.

(2) L'accusé détenu contrairement aux dispositions de l'*act d'habeas corpus* peut s'adresser à la Cour suprême de justice. Si la Cour estime la demande fondée, elle délivre un *writ of habeas corpus* qui a pour effet de faire amener l'accusé devant elle. La Cour statue s'il doit être admis à fournir caution, mis définitivement en liberté ou renvoyé en prison.

seulement lorsque l'affaire a été portée immédiatement devant lui, mais encore lorsqu'elle a été soumise à un Justice qui a refusé la mise en liberté sous caution. Dans la pratique, la jurisprudence du Banc de la Reine n'admet pas la mise en liberté dans le cas de felony, si ce n'est lorsque le crime est entouré de circonstances particulièrement favorables à l'accusé.

Lorsque la mise en liberté a été refusée ou lorsque l'accusé n'a pu trouver de caution valable, le prévenu est remis en prison jusqu'à ce qu'il soit délivré par le cours de la procédure. Mais cet emprisonnement a pour but de le conserver à la disposition de la justice et non de lui infliger un châtiment. C'est pourquoi dans l'intervalle entre le commitment et le jugement, l'accusé doit être traité avec la plus grande humanité et ne doit être soumis à d'autres entraves qu'à celles rendues nécessaires par la réclusion. Ainsi, par exemple, il ne doit pas être contraint d'accomplir un travail forcé (*perform any hard labour*).

II

Du Grand Jury. — Lorsqu'un accusé a été committed par le Justice, il est préparé par les soins du clerk de ce Justice un projet d'acte d'accusation (*bill of indictment*). Ce bill est présenté à un *Grand Jury* fonctionnant comme une chambre des mises en accusation. Si le Grand Jury reconnaît l'accusation fondée, il transforme le *bill of indictment* en un indictment qu'il présente en son nom à la cour qui sera chargée de prononcer le jugement.

Toutes les fois que la session d'une cour chargée de juger les felonies et les misdemeanors est proche, il y a lieu de réunir un Grand Jury.

Aucune condition de capacité n'est exigée soit par le *common law*, soit par les statuts, relativement aux personnes qui doivent remplir les fonctions de Grands Jurés pour les *Assizes*. Blackstone dit qu'ils doivent être freeholders et sont habituellement « *gentlemen of the best figure in the county* ». Le statut II, Henri IV, c. 9, aujourd'hui abrogé, exigeait qu'aucun d'eux n'eut été mis hors la loi. Dans la pratique on les recrute parmi les *county magistrates*.

Peuvent être grands jurés dans les *Courts of sessions of the peace :*
Tout homme âgé de plus de vingt-et-un ans et de moins de soixante, résidant dans le comté et y possédant, soit en son propre

om, soit *in trust*, 10 £ par an *above reprizes* en terres ou *tenements*, ou en rentes provenant de ces terres ou *tenements ;*

Tout homme qui a dans le comté 20 £ par an *above reprizes* en
terres ou *tenements*, terres à bail pour un terme de 21 ans ou
plus ;

Tout *householder* supportant la taxe des pauvres ou la taxe sur
les maisons habitées pour une valeur de 30 £ dans le Middlesex,
de 20 £ dans les autres comtés ;

Tout homme occupant une maison ne contenant pas moins de
quinze fenêtres.

Le Grand Jury ne peut comprendre moins de douze membres ni
plus de vingt-trois. — Ainsi constitué, il procède à l'examen, non-
seulement des bills of indictments envoyés par les Justices, mais
encore de ceux qui lui sont présentés par des particuliers. En effet,
toute personne peut présenter au Grand Jury un bill accusant d'un
crime quelconque une autre personne, *sans en donner avis préalable
à la personne ainsi accusée*, et sans qu'il soit procédé à une instruction préliminaire devant un Justice ou un coroner (1). Si l'on considère que la procédure devant le Grand Jury a lieu en l'absence
de l'accusé, on conçoit sans peine les abus de tout genre auxquels
une pareille disposition peut donner lieu. Aussi plusieurs lois
récentes ont-elles apporté des limitations à cette faculté vraiment
exhorbitante. Aujourd'hui, aucun bill contenant accusation de
parjure, conspiration, obtention d'argent ou de tout autre propriété sous de faux prétextes, tenue d'une maison de jeu ou d'une
disorderly house, libelle, *indecent assault*, ne peut être présenté
sans le consentement de la cour compétente pour prononcer le
jugement, à moins :

Que le poursuivant n'ait pris par recognizance l'engagement de
poursuivre ou de faire la preuve contre la personne accusée ;

Ou que l'accusé ne soit comitted, ou détenu dans une prison ou
lié par une recognizance à l'effet de répondre à l'indictment présenté contre lui ;

Ou que l'indictment ne soit présenté sous la direction ou avec
le consentement écrit soit d'un juge d'une des *Cours supérieures
of Law* à Westminster, soit de l'attorney general ou du solicitor

---

(1) La constitution du grand jury, ainsi que les abus auxquels ont donné
lieu des pratiques de ce genre sont exposés dans un travail de M. Kinghorn
publiés dans le *Law Magazine* (avril et novembre 1881) sous ce titre :
Ought grand juries be abolished?

general, soit en cas de parjure des juges ou fonctionnaires publics autorisés à diriger les poursuites.

Le Grand Jury siège à huis clos, sans avoir entre les mains d'autre pièce de procédure que le bill d'indictment au dos duquel est inscrit le nom des témoins à charge. Ni l'avocat de l'accusé, ni greffier ne sont présents. Le huis clos est observé avec une rigueur extrême. Aux assises de Newcastle, en 1850, le juge présidant la *Crown court*, voulant communiquer avec un de ses collègues siégeant à la Cour civile, prit le chemin le plus court et se présenta pour traverser la chambre où siégeait le Grand Jury. Il s'en vit refuser l'entrée et fut, malgré son insistance, obligé de battre en retraite. Les témoins à charge sont seuls entendus par le Grand Jury, qui n'a même pas le pouvoir de contrôler leurs témoignages en consultant les dépositions écrites recueillies par le Justice of peace chargé de l'instruction. Il n'est tenu aucun procès-verbal des dépositions faites devant le Grand Jury.

Si le verdict du jury est que l'accusation n'est pas fondée, il est écrit au dos du bill : *not a true bill* ou *not found* et le bill est dit « *thrown out* ». Dans ce cas, l'accusé est aussitôt déchargé de la poursuite ; cependant un autre bill peut être présenté contre lui à un autre Grand Jury. Mais la même personne ne peut être poursuivie deux fois pour le même fait pendant les mêmes assises ou la même session. Si, au contraire, le verdict du jury est qu'il y a lieu de convertir le bill en indictment, les mots « *a true bill* » sont écrits au dos du bill. Le bill est dit « to be found ». Il faut, dans ce cas, que douze jurés au moins soient d'avis que l'accusé doit être renvoyé devant un tribunal. « La loi anglaise, dit Blackstone, est si tendre pour la vie de ses sujets, qu'aucun homme ne peut être condamné si ce n'est par la voix unanime de vingt-quatre de ses égaux : douze dans le Grand Jury et douze dans le Petty Jury. »

Quand le Grand Jury a reconnu véritable et fondé un indictment contre une personne qui n'est ni en prison, ni en liberté sous caution, ou qui, ayant souscrit une recognizance à l'effet de comparaître refuse de le faire, le poursuivant peut s'adresser à la cour pour lui demander la délivrance d'un *Bench warrant*. Ce warrant permet d'arrêter la personne qui y est mentionnée, quelle que soit la partie de l'Angleterre dans laquelle elle se trouve, et de le conduire à la prison du district dans lequel siège la cour compétente pour prononcer le jugement. — Le poursuivant peut aussi, s'il le préfère, requérir du *clerk of indictments*, moyennant le paiement d'un droit de 1 sh. la délivrance d'un certificat constatant que l'indictment présenté contre telle ou telle personne a été reconnu fondé. Sur la production de ce certificat, le justice du district dans lequel l'accusé réside ou est supposé résider, délivre un warrant permettant de l'appréhender. Lorsque l'arrestation a été opérée, l'accusé est amené devant le justice, qui, sur la déclaration avec serment que la personne arrêtée est bien celle mentionnée au certificat, la déclarera *committed* et la fera conduire en prison, ou lui accordera la mise en liberté sous caution, s'il y a lieu.

De l'Indictment. — Des règles nombreuses déterminent la forme des indictments et les termes dans lesquels ils doivent être conçus. Nous nous bornerons à en dire quelques mots, le cadre de cette étude ne nous permettant point d'entrer dans de plus longs détails à ce sujet.

L'acte d'accusation n'est pas, comme en France, une sorte de réquisitoire : c'est un simple énoncé de la prévention.

« Un indictment, nous dit le juge Stephen, doit établir explici
« tement et directement, mais non au moyen d'un récit, chaque
« fait nécessaire pour constituer l'infraction incriminée, que ce
« fait soit un événement extérieur, une intention ou autre état
« d'esprit ou une circonstance aggravante affectant le caractère
« légal de l'accusation... (1) ». Lorsque le crime ou le délit est prévu par les dispositions d'un statut, les termes de ce statut doivent être reproduits dans l'indictment.

L'acte d'accusation ne contient donc qu'un exposé simple, clair et précis des faits et circonstances servant de base à l'accusation, sans qu'il s'y mêle aucune supposition, aucune appréciation particulière de l'organe de l'accusation. Il a uniquement pour but de faire connaître clairement à l'accusé le crime qui lui est imputé et aux jurés l'objet de l'accusation. Il n'est donc point permis au rédacteur de l'acte d'accusation, comme cela se produit en France, d'y préjuger déjà la véracité de certaines dépositions recueillies dans l'information préparatoire, d'y supposer d'avance la preuve faite sur certains points, de raconter de quelle manière le crime a été probablement commis, ou enfin de peindre le caractère de l'accusé, de manière à en tirer des inductions de sa culpabilité (2). De même, il ne saurait être question dans l'acte d'autres crimes que l'accusé aurait antérieurement commis ou de con-

____

(1) Stephen, *loc. cit.*, art. 241.
(2) Mittermaier, *op. cit.*, § 14.

damnations précédemment encourues. En résumé, l'indictment ne doit contenir que l'exposé des charges qui pèsent sur l'accusé, dégagé de toutes considérations ou allégations de nature à exercer une influence quelconque sur l'esprit des jurés.

Malgré cette simplicité, la rédaction d'un indictment n'en est pas moins chose plus délicate que celle d'un acte d'accusation comme le nôtre. C'est en effet une grande difficulté que d'enfermer dans une courte formule juridique tout un ensemble de faits concrets se résumant en la question de droit qu'ils soulèvent. Difficulté d'autant plus grande que l'indictment, comme la formule que délivrait le préteur romain, était vicié par la moindre irrégularité et qu'il y avait lieu dans ce cas, soit à un acquittement par les jurés, soit à une annulation de l'acte. Une réforme a été apportée sur ce point par l'act 14 et 15 Vict., c. 100, qui permet à la cour de rectifier les erreurs qui ont pu se glisser dans certaines parties de l'énoncé, lorsque cette rectification n'est pas de nature à préjudicier à la défense. Malgré cette réforme, la rédaction d'un indictment n'en reste pas moins soumise à des règles compliquées qui nécessitent la main d'un praticien expérimenté, notamment en ce qui concerne la qualification du délit et la description des objets qui figurent dans l'énoncé (1).

Voici un exemple d'indictment ramené à sa forme la plus simple : « Comté de Middlesex. — Les jurés de notre Dame la Reine « exposent sous la foi du serment que A..., le 5 mai 1889, a volé « frauduleusement une somme d'argent, cela contre la paix de « notre Dame la Reine, sa couronne et sa dignité ».

Il est enfin à noter que l'indictment ne peut contenir plusieurs chefs (*counts*) d'une nature différente. Mais on peut comprendre dans le même indictment plusieurs chefs se rapportant au même crime. Dans le cas où l'accusation ne peut déterminer avec précision le genre spécial du crime commis, plusieurs chefs sont formulés d'une manière alternative.

DE L'ENQUÊTE DU CORONER.

Le coroner est un magistrat auquel est confié principalement le soin de se rendre auprès du cadavre de toute personne morte de

---

(1) On peut voir ces règles dans Stephen, *loc. cit.*, où elles sont bien énoncées (art. 244 à 255.

mort violente, et là, assisté de son jury, de rechercher quelles ont été les causes de la mort et de commencer des poursuites s'il y a lieu. « Un coroner de notre seigneur le Roi, dit le statut *De officio coronatoris* de 1276, doit ouvrir une enquête quand il est requis « par un officier du Roi ou par d'honnêtes gens du pays et se ren- « dre sur les lieux où quelqu'un aura été tué, blessé ou est mort « subitement, où des maisons ont été envahies, un trésor trouvé. « Ils seront précédés par quatre, cinq ou six personnes de la ville « voisine; le coroner fera prêter serment à ces personnes et com- « mencera son enquête en leur présence » (4 Edw. I, St. 2, Ss. 1, 2). — Outre ces cas mentionnés par l'ancien droit, il y a encore, aujourd'hui, lieu à enquête par le coroner : quand une personne est décédée soit en prison, soit dans un asile d'aliénés; quand un condamné a été exécuté dans l'intérieur d'une prison; quand un enfant est mort dans un établissement spécialement *registered* à l'effet de recevoir des enfants en bas âge, à moins qu'il ne soit pro- duit un certificat délivré par un médecin faisant connaître les causes de la mort; enfin, toutes les fois que le coroner a de légitimes rai- sons de supposer que la mort a été violente et non naturelle. Nous nous occuperons ici du coroner en tant qu'officier de police judi- ciaire chargé d'ouvrir une instruction dès qu'une personne a été tuée, et de rechercher les coupables.

Le coroner doit être assisté d'un jury. Aussi son premier soin, lorsqu'il est appelé à ouvrir une enquête est-il de le constituer. Le jury du coroner est composé de douze personnes au moins; en pra- tique, il y a presque toujours plus de douze membres, car la culpa- bilité doit être prononcée par douze membres au moins. Les jurés doivent être des gens loyaux et honnêtes; ils sont habituellement choisis parmi les *householders*, mais aucune condition spéciale n'est exigée par la loi.

Lorsque le coroner est appelé auprès d'un cadavre, il remet un *jury warrant* à l'officier de paix du district où gît le corps. Cet of- ficier convoque un nombre suffisant de personnes, soit du district, soit des districts voisins. Toute personne ainsi convoquée, qui ne se rend pas au lieu indiqué et qui ne justifie point d'une excuse suffisante, peut être condamnée par le coroner à une amende qui n'excède pas 40 sh. dans certains cas, 5 liv. sterl. dans certains autres.

Le coroner procédant à une enquête assisté de son jury, est dit tenir la Cour du coroner, qui est une *Cour inférieure de record*. De là, les conséquences suivantes : il peut exclure de la Cour toute personne dont l'attitude est contraire à la décence ou au bon fonctionnement de la justice ; il peut ajourner la Cour ou la transférer dans un autre endroit ; il peut permettre aux avocats ou avoués des parties de s'adresser au jury, d'examiner et de *cross-examine* les témoins.

Il faut absolument que les jurés voient le corps, mais ils ne sont pas tenus de rester en présence du cadavre un temps plus long que celui qui est nécessaire pour l'avoir vu. Ils doivent prêter serment avant d'avoir vu le corps ou pendant qu'ils sont en sa présence. Le coroner entend tous les témoignages qui sont de nature à l'éclairer ; il peut prononcer une amende de 40 sh. contre les témoins qu'il a cités et qui ne se présentent pas, lancer des warrants pour amener certaines personnes à comparaître, les emprisonner si elles refusent d'obéir au warrant qu'il a délivré. S'il a des doutes, il peut demander l'assistance d'un médecin qui procédera à un examen *post mortem*. Dans ce cas, les jurés peuvent demander qu'un second médecin soit appelé et procède à un contre-examen.

Le débat éclairé par ces moyens, les conseils ou les solicitors des parties présentent leurs observations, le coroner résume les débats et le jury rend son verdict. Ce verdict doit être prononcé à la majorité de 12 voix au moins ; il est *recorded* par le coroner et signé de lui et de tous les jurés. Si 12 jurés n'ont pu se mettre d'accord, l'affaire est renvoyée aux prochaines assises où le juge statue.

Quand le jury a rendu un verdict de meurtre ou homicide par imprudence, le coroner peut lancer un warrant pour arrêter l'accusé. En cas d'homicide par imprudence, il peut accorder la mise en liberté sous caution. Il peut également lier les témoins par des recognizances à l'effet d'assurer leur comparution devant la Cour.

L'accusé peut obtenir copie des dépositions faites devant le jury du coroner, moyennant le paiement d'un droit n'excédant pas 3/2 pence par feuille de 90 mots.

Le coroner qui a procédé à une enquête doit être présent lorsque l'accusé comparaît devant la Cour pour y être juré. En cas d'absence, il peut être condamné à une amende.

Dans la pratique, les magistrats tiennent peu de compte de ces instructions faites par le coroner, bien qu'une loi récente, ayant pour but de consolider les lois sur les coroners, leur ait maintenu ces attributions (1). Le plus souvent, une instruction est faite pa-

(1) V. *Annuaire* de 1888, loi du 16 septembre 1887, notice et traduction par M. Baillière, p. 131.

rallèlement par le Justice, avec indictment présenté au grand jury, ce qui donne lieu parfois à des résultats bizarres. Tantôt l'accusé est mis deux fois en jugement pour le même crime, tantôt il est mis en jugement par le coroner et libéré par le Justice ou le grand jury, ou *vice versa*. Aussi la suppression de l'enquête du coroner est-elle une des réformes les plus énergiquement réclamées aujourd'hui par les criminalistes anglais, et le jour n'est peut-être pas éloigné où elle disparaîtra complètement des institutions anglaises.

CRIMINAL INFORMATION.

La *criminal information* est une procédure employée dans certains cas particuliers afin d'amener la comparution des accusés devant le tribunal chargé de les juger, sans indictment par le grand jury. Elle consiste en une accusation portée par l'Attorney general, le Solicitor general ou le *master of the crown office*. Ces magistrats ne peuvent employer cette procédure qu'en présence de certains crimes ou délits de nature à ébranler la paix publique, à mettre le gouvernement en danger ou à le troubler dans l'exercice des fonctions qui lui sont imparties par la Constitution. Tels sont, par exemple, les cas de : libelle séditieux, corruption officielle, *bribery*, *riot*, etc. Mais les félonies ordinaires ne sauraient être poursuivis par voie d'*information*, car c'est un des grands principes du droit criminel anglais : qu'on ne peut être traduit devant un tribunal pour *felonious offences*, si l'accusation n'est garantie pas l'affirmation de douze personnes au moins. — Le *master of the crown office*, autorisé par le Banc de la Reine, peut aussi poursuivre par voie d'information à la requête d'un particulier, la répression de certains délits qui ont une grande analogie avec ceux que nous venons d'énoncer : les libelles contre les particuliers accompagnés de circonstances aggravantes, — certains délits de presse, — les actes illégaux commis par les magistrats ou les officiers publics inférieurs par haine ou corruption, mais non par ignorance ou méprise. Il ne serait pas non plus permis de procéder par information si le magistrat avait agi de bonne foi, et convaincu qu'il agissait conformément à la loi. — Le particulier auquel il est accordé de faire poursuivre par *information*, doit souscrire une recognizance garantissant qu'il soutiendra l'accusation et obéir à tous les ordres de la Cour, sous peine de payer une somme de 20 livres.

L'affaire ainsi présentée à la division du Banc de la Reine par voie de *criminal information* est examinée par elle. Si la Cour pense qu'il y a lieu de poursuivre, les accusés sont renvoyés devant la juridiction compétente.

V

DE L'ARRAIGNMENT.

Le prévenu, que le grand jury a déclaré poursuivi à juste titre, est amené à la barre de la Cour qui doit le juger; c'est ce qu'on appelle *arraignment*, mot qui ne serait, d'après sir Mathew Hale, autre chose que la forme latine altérée *ad rationem ponere*. Là, il lui est donné lecture « distinctement et en langue anglaise » de l'indictment présenté contre lui, de façon à ce qu'il puisse pleinement connaître les faits incriminés. Après cette lecture, il lui est demandé s'il se reconnaît coupable ou non des faits dont il vient de lui être donné connaissance.

En réponse à cette interrogation, l'accusé peut : ou rester muet (*stand mute*), ou avouer sa culpabilité, ou plaider (*plead*) sur l'indictment présenté contre lui.

L'accusé est dit : rester muet lorsqu'il garde le silence ou ne répond pas directement. Dans ce cas, il est constitué, aussitôt que possible, un jury auquel le juge soumet la question de savoir si l'accusé reste muet par malice ou par « *visitation of God.* » Si le verdict du jury est que le silence de l'accusé est malicieux et volontaire, la Cour peut ordonner qu'il sera considéré comme plaidant non coupable. Si le jury déclare l'accusé muet par « *visitation of God* » (accident, infirmité, etc.), mais constate qu'il peut comprendre la procédure, l'affaire suivra par signes son cours régulier. Enfin, si le jury est d'avis que l'accusé ne peut comprendre la procédure, il sera enfermé comme aliéné « durant le bon plaisir de Sa Majesté. »

Lorsque, au contraire, l'accusé se reconnaît coupable des faits mentionnés dans l'indictment, la procédure est immédiatement terminée, car il ne peut plus y avoir ni question préjudicielle, ni réunion d'un *petty jury* chargé de prononcer sur la question de culpabilité. La Cour entre aussitôt en délibération et prononce la condamnation.

Mais ces deux premières hypothèses sont assez rares dans la pratique. Le plus souvent, l'accusé opposé à l'indictment, soit quelque moyen de droit tiré du fond ou de la forme, soit une exception quelconque, soit une dénégation absolue. Pour obtenir ces divers résultats, il peut *more to quash the indictment*, opposer un *demurrer*, ou enfin d'une manière générale plaider sur l'indictment (*plead to the indictment*).

L'accusé peut demander, soit à la Cour devant laquelle il est traduit, soit à la division du Banc de la Reine de la Haute-Cour de justice, d'annuler l'indictment présenté contre lui (*to quash the indictment*), lorsque cet indictment est si défectueux qu'aucun jugement ne pourrait être prononcé sur un tel indictment, ou lorsque plusieurs chefs d'accusation qui, aux termes de la loi doivent rester séparés, ont été réunis en un seul. Dans ce dernier cas, la Cour a plein pouvoir d'annuler un ou plusieurs chefs seulement. — Ainsi des indictments ont pu être annulés : quand le Tribunal auquel ils étaient présentés n'était pas le Tribunal compétent ; — quand le langage d'un chef d'accusation était trop général ; — quand une allégation matérielle, telle que l'existence de l'intention délictueuse, avait été omise. Les demandes en annulation peuvent être faites à un moment quelconque de la procédure, pourvu que le verdict du jury ne soit pas encore rendu. Elles peuvent être présentées par le poursuivant : dans ce dernier cas, elles amènent la présentation d'un nouveau bill d'indictment, si elles sont admises par la Cour.

Il peut aussi arriver que l'accusé, tout en reconnaissant la vérité des faits incriminés, prétende soit qu'ils ne constituent pas un délit ou un crime puni par la loi, soit que l'indictment renferme un défaut de forme apparent. Il est dit alors *demur to the indictment*, et presenter *a demurrer*. Le demurrer peut être soulevé jusqu'à ce que le petty jury ait prêté serment. S'il est admis par la Cour, l'accusé est déchargé de la poursuite si le fait n'était point punissable ; mais si un vice de forme est seulement allégué, la Cour peut ordonner la rectification de l'indictment. Dans ce dernier cas, en droit strict l'accusé ne doit plus être admis à plaider non coupable : cependant la Cour peut le lui permettre.

D'autres exceptions relatives à la compétence peuvent encore être opposées par voie de *pleas in abatment* ou *to the juridiction*.

Lorsque toutes ces exceptions ont été vidées par la Cour, et que l'accusé n'a point reconnu sa culpabilité, il doit plaider à la barre, c'est-à-dire faire connaître les motifs pour lesquels il demande à être déchargé de l'accusation. Ces motifs se ramènent à quatre : *autrefoits acquit, autrefoits convict, pardon, not guilty*.

L'accusé plaide : *autrefoits acquit*, lorsqu'il allègue avoir obtenu soit en Angleterre, soit à l'étranger, un verdict d'acquittement sur le fait actuellement incriminé (1) ; *autrefoits convict*, lorsqu'il prétend avoir été déjà condamné pour le même fait par un Tribunal anglais ou par un Tribunal étranger ; *of pardon*, lorsqu'il affirme avoir reçu le pardon de la Reine pour le crime motivant les poursuites actuelles.

Mais le plus souvent l'accusé se déclare simplement non coupable (*not guilty*). Par ce moyen, il remet en question toutes les affirmations matérielles contenues dans l'indictment. Il doit alors être envoyé devant le petty jury qui, après « *avoir entendu l'évidence* » tant de la part de l'accusation que de celle de la défense, prononcera définitivement sur la question de culpabilité ou de non culpabilité.

VI

DU JUGEMENT (*Trial*).

Du petty jury. — Le petty jury, que nous appellerons simplement jury, est chargé de se prononcer sur la culpabilité de l'accusé qui plaide non coupable. Bien que la question de son origine soit des plus controversée, il n'en est pas moins certain qu'elle remonte à une haute antiquité (2). C'est aussi une des institutions les plus chères aux Anglais, qui la considèrent comme la base de leurs libertés publiques. « L'excellence de cette méthode de jugement, dit Stephen, apparaît plus fortement encore dans les affaires criminelles que dans les affaires civiles ». (Commentaires, basés sur Blackstone, l. VI, ch. XXII).

Le grand jury et le petty jury sont et doivent rester absolument différents et séparés. Aucune personne ayant fait partie du grand jury qui a déclaré l'indictment fondé, ne peut siéger dans le petty jury appelé à se prononcer sur la culpabilité de l'accusé (25 Edw. 3. St. 5. C. 3).

Lorsqu'une Cour doit tenir une session, avis en est donné au

(1) V. sur cette exception l'intéressant récit fait par Mittermaier de la célèbre affaire des époux Bird (*loc. cit.*, p. 395).

(2) V. Palgrave, *Rise and progress of the english commonwealth*, Forsyth, *History of trial by jury ;* Gneist, *Self-government ;* Stubbs, *Constitutional History ;* Stephen, *History of the criminal law*. D'après Green, c'est en 1216 que le système de jugement par le jury aurait définitivement triomphé du vieux système des épreuves judiciaires (*Histoire d'Angleterre*, traduct. Monod, I, p. 127).

shériff du comté, qui dresse et transmet à la Cour une liste comprenant au moins quarante-huit jurés devant juger toutes les affaires soit criminelles, soit civiles de la session. L'accusé doit être traduit devant ce jury, et d'après les termes de l'act d'Habeas corpus, aussi rapidement que possible. A cet effet, l'individu accusé de felony peut, dès le premier jour de la session, s'adresser à la Cour et demander à être mis en jugement. S'il n'est pas indicted lors des premières audiences ou de la première session qui suivent son incarcération, le juge peut, sur une demande faite le dernier jour de la session, le mettre en liberté sous caution, à moins qu'il n'ait été impossible de produire au cours de la session les témoins de la Couronne. Quand l'accusé n'est pas jugé dans la seconde session qui suit son incarcération, il doit être déchargé de la poursuite. Les *misdemeanors* sont autant que possible jugés au cours de la session dans laquelle l'accusé a plaidé non coupable ; mais si la Cour pense qu'un temps plus long est nécessaire, elle peut ajourner le procès à la session suivante.

Le jury particulier pour chaque affaire est composé de ceux de ces quarante-huit jurés dont nous venons de parler qui n'ont point été l'objet d'une récusation, soit de la part de la Couronne, soit de la part de l'accusé.

L'accusé peut récuser le jury (*challenge the array*) lorsqu'il établit que la liste du jury a été déloyalement dressée. A cet effet, il doit prouver soit qu'il existe des faits montrant la partialité du sheriff ou de tout autre fonctionnaire qui a dressé la liste, soit qu'il y a lieu de douter de l'impartialité du jury ainsi constitué. Il y a récusation absolue (*principal challenge*), lorsqu'elle se fonde sur une partialité manifeste de celui qui a dressé la liste, par exemple, lorsqu'il est partie intéressée au procès, *prosecutor* ou proche parent du prosecutor. Il y a récusation de faveur (*challenge to the favour*) lorsque les faits sont moins directs, ainsi, par exemple, lorsque le sheriff est parent avec un enfant du poursuivant. Si la Cour estime que les faits allégués par l'accusé sont de nature à entraîner la récusation du jury, elle désigne pour les examiner deux arbitres (*triers*), d'après la décision desquels le jury est maintenu ou remplacé par un nouveau.

Toute personne accusée de felony ou de trahison peut, sans alléguer aucuns motifs (*peremptory challenges*), récuser trente-cinq jurés en cas de trahison et vingt (1) en cas de felony.

(1) C'est le chiffre donné par Stephen (*Law of crim. proc.*, art. 281), Mittermaier (*loc. cit.*, p. 439) parle de vingt-quatre jurés. Je n'ai pas trouvé l'explication de cette différence.

Enfin, dans toute affaire criminelle, la Couronne ou l'accusé peuvent demander à récuser un ou plusieurs jurés pour des motifs particuliers (*challenge for cause*). Cette demande est examinée par deux arbitres. Si quelques jurés ont prêté serment alors qu'elle est déposée, seront arbitres ceux qui ont prêté serment les derniers ; si aucun juré n'a prêté serment, la Cour désigne deux personnes de son choix. Si un seul juré a prêté serment, il agit avec les deux personnes désignées par la Cour. Lorsque les motifs de récusation sont admis, le juré récusé ne peut prêter serment.

Dans les cas où la récusation péremptoire est autorisée, l'accusé a droit de demander à l'avance une liste des jurés. La récusation doit être faite lorsque le juré se présente pour prêter serment et avant que ce serment n'ait été prêté.

Lorsque par suite de récusations le nombre des jurés est devenu inférieur à douze, de nouveaux jurés sont appelés pour compléter ce nombre.

Dès que le jury ainsi constitué a prêté serment, le poursuivant est appelé pour fournir la preuve de la culpabilité du prévenu. Le conseil du poursuivant ou de la Couronne prend la parole (*opening the case*) pour exposer les faits et présente ensuite les témoins à charge qu'il doit interroger lui-même, car le rôle du juge consiste uniquement à diriger les débats, en y intervenant le moins possible (1). L'accusé et son conseil ont ensuite le droit de procéder à un contre-examen (*cross examination*) des témoins à charge.

Les règles sur la preuve par témoins sont à peu près les mêmes qu'en matière civile. Elles en diffèrent cependant par quelques particularités dont voici les principales :

Une condamnation pour trahison ne peut être prononcée que sur le témoignage de deux personnes au moins présentant toutes les conditions requises par la loi. Dans le célèbre procès de sir John Fenwick, sous le règne de Guillaume III, un seul témoignage était invoqué contre l'accusé. Il fallut un acte du Parlement pour permettre de le condamner ;

(1) Nous rappelons que le rôle du juge président des assises se borne à diriger le débat, à prononcer sur les points de droit qui peuvent s'élever et à rendre le jugement. A l'inverse de ce qui se passe en France, il ne procède pas à l'interrogatoire de l'accusé ; ce soin regarde le poursuivant. Nous avouons toutes nos sympathies pour ce mode de procéder. Il nous semble que le juge y gagne en dignité et en autorité, et reste dans son véritable rôle. A notre avis, il est regrettable que le magistrat français se trouve amené à des discussions avec l'accusé, desquelles il nous semble sortir quelquefois amoindri.

Dans certains cas de felony, un des accusés peut devenir témoin contre ses complices. C'est ce qu'on appelle *Queen's evidence*. Le juge peut encourager ou provoquer les révélations de cette nature par la promesse d'un acquittement. Elles peuvent même résulter d'un accord entre le poursuivant et l'accusé. L'acquittement en est la conséquence ;

En matière criminelle, le mari et la femme ne peuvent être appelés à témoigner l'un contre l'autre ou en faveur l'un de l'autre. Mais cette règle souffre exception lorsque l'un des époux a été la victime de l'autre. Ainsi une femme sera admise à témoigner des violences commises sur sa personne par son mari ;

Les dépositions reçues et recueillies régulièrement par le Justice qui a procédé à l'instruction sont admises lorsqu'il est établi que le témoin est mort ou dans l'impossibilité absolue de se déplacer, et que la déposition a été faite en présence de l'accusé, son conseil ayant eu toute latitude de se livrer à un contre-examen.

En cas d'homicide, les déclarations faites par la victime à son lit de mort sont considérées comme faites sous serment en présence de l'accusé.

Après l'audition des témoins à charge, le conseil de l'accusé est invité par le juge à répondre et à présenter la défense de son client. Comme le poursuivant, le conseil de l'accusé plaide d'abord (*opening adress*) et présente ensuite les témoins à décharge qui sont admis à déposer sous les mêmes règles et de la même manière que les témoins de la Couronne. L'accusé est admis à citer même des témoins attestant uniquement sa bonne conduite antérieure et prouvant que ses mœurs et ses habitudes ont toujours été de nature à écarter l'idée du crime dont il est accusé (1). — Les témoins à décharge examinés et *cross-examined*, le prévenu ou son conseil résume les faits dont la preuve est contenue en ces témoignages.

L'avocat de l'accusation a le droit de répliquer lors même que les témoignages fournis par l'accusé ne porteraient que sur ses bons antécédents (2). Mais lorsque le conseil de l'accusé, interrogé par le juge s'il désire produire des preuves de l'innocence de son client répond négativement, l'avocat de l'accusation est admis à s'adresser une seconde fois au jury pour résumer les preuves qu'il

---

(1) Mais, en principe, les témoins sur la mauvaise moralité et les antécédents de l'accusé sont aussi peu entendus que ceux qui n'ont à déposer que d'ouï-dire (Mittermaier, *loc. cit.*, § 20).

(2) Mais, dans ce dernier cas, le droit de réplique n'est presque jamais exercé.

a produites, sans pouvoir néanmoins répliquer à la défense. L'attorney general et le solicitor general, dirigeant en personne les poursuites, ont toujours le droit de répliquer que l'accusé ait produit des témoins à décharge ou non.

Après les répliques, le juge résume les débats et invite le jury à rendre son verdict (*charge*) (1).

Le jury peut rendre immédiatement son verdict à l'audience ou s'il le préfère, se retirer pour en délibérer. Dans ce dernier cas, un huissier prêtait serment de garder les jurés dans une pièce séparée, seuls, sans aliments, sans feu (excepté toutefois celui de la lampe qui les éclairait la nuit), et de n'adresser la parole à aucun d'entre eux si ce n'était pour demander s'ils étaient d'accord pour le verdict. De plus l'huissier ne devait autoriser personne à adresser la parole aux jurés sans la permission de la Cour. Si la délibération se prolongeait, la Cour s'ajournait au lendemain, mais les jurés restaient toute la nuit renfermés sans communication avec personne.

Ces règles sévères qui avaient pour résultat quand la discussion se prolongeait, d'infliger de véritables tortures aux jurés (2), ont été adoucies récemment par le statut 33 et 34 Vict. c. 77, qui a permis au juge d'autoriser les jurés à se servir de feu ou à se procurer, à leurs frais, des rafraîchissements convenables, et même à se rendre en corps au restaurant pour y manger sous la garde du sherif. Lorsqu'il s'agit d'un *misdemeanor*, les jurés sont autorisés à prendre leur repas chez eux, en promettant de ne pas souffrir que qui que ce soit leur parle du procès.

Le verdict du jury doit être rendu à l'unanimité. Dans le cas où les jurés ne pourraient s'entendre et arriver à rendre un verdict unanime, la Cour peut les décharger de l'affaire. L'accusé est alors

---

(1) Cette allocution comprend le résumé exact des preuves en même temps que les explications juridiques nécessaires pour faciliter aux jurés leur examen, et les mettre à l'abri de l'erreur. Ce résumé explique l'usage où est le juge anglais de prendre une note par écrit aussi fidèle que possible de ce qui résulte des diverses dépositions, de telle sorte qu'il ne fait souvent que donner lecture de ses notes.

(2) Lors du célèbre procès des évêques (29 juin 1688), le jury resta enfermé toute la nuit surveillé non seulement par les huissiers, mais par l'attorney des évêques et ses domestiques. On ne laissa pas même entrer une lumière pour allumer une pipe. Vers quatre heures du matin, on fit passer un peu d'eau pour la toilette des jurés qui, affamés, mourant de soif, la burent complètement (V. Macaulay, *History of England*, ch. VIII). Les jurés ne furent délivrés qu'à dix heures du matin.

réintégré en prison jusqu'à ce qu'il en soit extrait pour être amené devant un autre jury.

Lorsque le jury a rendu son verdict, le chef du jury (*foreman*) en donne lecture. Aucune question n'étant posée au jury, ce verdict consiste simplement en une déclaration que l'accusé est ou n'est pas coupable (1). Après un verdict de non culpabilité, la Cour déclare l'accusé déchargé de la poursuite et ordonne sa mise en liberté, si, toutefois, il n'y a point d'autre indictment présenté contre lui.

Le prisonnier a droit d'être présent à toute la procédure qui se déroule devant le jury, au moins tant qu'il observe une attitude convenable. Cependant, lorsqu'il s'agit de *misdemeanor* ou dans certains cas particuliers, la Cour peut décider qu'il sera procédé en son absence. Si le prisonnier prenait à l'audience une attitude rendant la continuation du procès impossible, la Cour, d'après M. Stephen, aurait le droit d'ordonner qu'il fût emmené et que l'affaire fût continuée hors sa présence. Mais, à la connaissance du savant criminaliste, il n'a jamais été nécessaire de recourir à cette extrémité.

Du jugement. — L'accusé contre lequel le jury a rendu un verdict de culpabilité est dit *convicted*. Il appartient alors au juge de faire l'application des peines édictées par les lois.

Cependant le prisonnier peut encore à ce moment *move in arest of judgment*, c'est-à-dire demander que la prononciation du jugement soit suspendue, l'indictment étant entaché d'un vice radical que le jury n'a point purgé. Mais cette dernière exception ne peut être basée que sur le manque d'une qualité substantielle, les vices de forme devant, comme nous l'avons dit, être opposés lors de l'arraingment au moyen d'un *demurrer* ou d'un *motion to quash indictment*. Aux termes de l'article 47 de l'act de 1873 sur la Cour suprême, le juge peut, s'il est embarrassé par la solution d'un point

(1) Nous rappelons que la loi anglaise ignore la question des circonstances atténuantes qui est chez nous posée au jury, mais les jurés peuvent recommander l'accusé qu'ils déclarent coupable à l'indulgence du juge. Ce dernier en tient généralement compte dans sa sentence, mais sans y être toutefois obligé. De même, il n'y a point non plus, comme chez nous, de questions spéciales ou subsidiaires. Si les faits servant de base à l'accusation et qu'il considère comme établis paraissent au jury constituer un crime moindre que celui qui est articulé dans l'indictment, il peut déclarer l'accusé coupable de ce crime moindre, en prononçant un verdict de non culpabilité à raison du crime plus grave.

de droit ainsi soulevé, le réserver et le soumetre à la Haute-Cour (1).

Les peines que le juge doit appliquer sont édictées pour chaque cas particulier par le *common law* ou par des statuts particuliers. Il n'entre point dans le cadre de cette étude d'examiner les pénalités dont la loi anglaise frappe les divers crimes ou délits. Nous nous bornerons à dire que les *misdemeanors* sont punis soit de l'amende, soit de l'emprisonnement, et que les *felonies* entraînent habituellement l'emprisonnement et la servitude pénale. Lorsque le fait criminel est puni par le *common law*, le juge possède un pouvoir discrétionnaire de prononcer soit l'emprisonnement, soit l'amende, soit même ces deux peines réunies dans telle mesure qu'il lui convient. Les statuts particuliers ont généralement enfermé ce pouvoir dans de certaines limites. Mais au termes du Bill des droits (I. W. et M., sess. 1 c. 2), le juge ne doit infliger aucune punition cruelle ou inusitée (2).

Writ of error. — Le *writ of error* est un writ émanant de la division de chancellerie de la Haute-Cour de justice adressé aux juges ou juge d'une Cour inférieure, et enjoignant de lui adresser le dossier de la procédure (*record and procedings*) d'une affaire dans laquelle une erreur aurait été commise. En cas de felony, le writ ne peut être lancé sans le *fiat* de l'attorney general ; pour les misdemeanors, la division du Banc de la Reine peut requérir ce fiat lorsqu'un point de droit est soulevé sur la procédure suivie.

La Haute-Cour, après avoir examiné les pièces qui lui ont été adressées sur le *writ of error*, rend un arrêt soit en faveur de la Couronne, soit en faveur de l'accusé. Si sa décision est favorable à la Couronne, le premier jugement est maintenu; si elle est favorable à l'accusé, le jugement est annulé. La Haute-Cour peut alors soit prononcer elle-même le jugement, soit renvoyer l'affaire devant la Cour inférieure qui avait déjà prononcé.

Condamnations accessoires qui peuvent être prononcées par les Cours. — Dans un très grand nombre de cas, la Cour de quarter sessions peut ordonner qu'une indemnité sera allouée à toute per-

----

(1) V. *Annuaire étranger* de 1874 la traduction de M. Ribot.

(2) Mais il faut remarquer que le verdict de culpabilité n'oblige pas toujours le juge à condamner. Si le juge trouve qu'il y a eu erreur de la part du jury, il peut relever l'erreur commise et provoquer une nouvelle délibération, mais seulement tant que le verdict n'est pas transcrit sur le procès verbal des débats.

sonne qui aura coopéré activement à l'arrestation d'un accusé, en compensation de ses dépenses, pertes de temps, etc. Cette indemnité ne doit pas excéder 5 livres.

Lorsqu'une personne a été tuée en coopérant à l'arrestation d'un criminel, la Cour peut ordonner au sheriff de payer soit à la veuve, soit aux enfants si la mère est déjà morte, soit aux père et mère si la victime ne laisse ni femme ni enfants, telle somme que cette Cour juge convenable.

La Cour peut également condamner l'auteur d'une felony à payer à la victime, comme compensation de perte de propriété, une somme n'excédant pas 100 livres.

Lorsqu'un individu coupable de vol a vendu la chose volée à une personne qui ignorait le larcin, la Cour, après avoir ordonné la restitution, peut, si cet acheteur de bonne foi le requiert, condamner le voleur à la restitution de l'argent à lui versé par cet acheteur, plus une indemnité qui ne doit pas excéder le prix de la vente.

DEUXIÈME PARTIE

LA PROCÉDURE CRIMINELLE EN ÉCOSSE [1]

Le jurisconsulte français qui aborde l'étude du droit criminel de l'Écosse éprouve un sentiment analogue à celui ressenti quand l'on entend sa langue maternelle résonner en pays étranger. Si tout nous est nouveau et nous déconcerte lorsque nous étudions la répression des crimes et des délits en Angleterre, beaucoup de points nous paraissent familiers lorsque nous examinons les insti-

(1) Les principaux ouvrages sur cette matière sont les suivants : Alison, *Principes and practice of the criminal law of Scotland;* Hume, *Commentaries on the law of Scotland respecting crimes.* Nous avons surtout consulté avec fruit le remarquable *Treatise on the criminal law of Scotland,* par M. J.-H.-A. Macdonald, et le *Manuel of criminal law (Scotland),* act 1887, du même auteur. D'utiles renseignements se trouvent aussi dans le livre de Mittermaier : *Histoire de la procédure criminelle de l'Angleterre, de l'Écosse et de l'Amérique du Nord,* traduction Chauffard, bien qu'à notre avis il ait trop identifié la procédure écossaise avec celle suivie en Angleterre. J'ai dû aussi d'intéressants renseignements à M. Daniell, avocat à Edimbourg, à qui je suis heureux d'exprimer ici toute ma reconnaissance.

lutions similaires écossaises. Ces analogies viennent-elles, comme
le prétend Mittermaier, du droit romain et de la faveur avec laquelle
il fut reçu de bonne heure en Écosse, ou comme le pense notre
savant collègue, M. le conseiller Babinet, des rapports fréquents
qui ont existé pendant tout le moyen âge et à l'époque de la Renais-
sance entre la France et l'Écosse ? C'est un point d'histoire qu'il ne
nous appartient pas de traiter et que nous nous bornons à signaler.
Mais quelle que soit la solution qui lui sera donnée, le fait suivant
n'en reste pas moins acquis : que le droit criminel de l'Écosse présente des divergences profondes avec celui de l'Angleterre et se rap-
procherait davantage de celui de notre pays, bien que, comme en
Angleterre, les règles du droit écossais sur cette matière n'aient
fait l'objet d'aucune codification. Elles sont ou coutumières, ou
éparses dans des actes nombreux. Mais elles viennent d'être l'objet
de mesures législatives importantes : dans le courant de l'année 1887, le Parlement de Westminster a voté une loi (1) qui,
sans toucher aux principes fondamentaux de l'instruction criminelle, contient néanmoins des dispositions nouvelles sur bien
des points importants ; en 1888, une autre loi a rajeuni et heureusement modifié les règles de la mise en liberté sous caution.
Fait digne de remarque, ces deux lois récentes ont maintenu les
différences capitales qui séparent la législation écossaise de la législation anglaise, différences que notre rapide esquisse de la marche
de la procédure criminelle va mettre en lumière.

Organisation et compétence des tribunaux criminels écossais. —
Toute personne, sujette britannique ou étrangère, accusée d'être
auteur ou complice d'un crime ou délit commis en Écosse, peut
être traduite devant les Tribunaux criminels écossais. Il n'y a d'exception que pour les pairs écossais qui, lorsqu'ils sont accusés de
trahison, de meurtre, ou d'une felony quelconque, ne peuvent être
traduits que devant leur ordre. Quand un crime est commis partie
en Écosse, partie dans un autre pays, les Cours d'Écosse sont compétentes lorsque le principal acte est accompli en Écosse ou quand
l'acte délictueux, bien que commis hors de l'Écosse, y aura néanmoins des effets pratiques. — En principe, les Cours écossaises ne
sont pas compétentes pour connaître des crimes commis hors de
l'Écosse, à moins que la loi n'en dispose autrement (par exemple
dans le cas de piraterie exercée en mer sur un vaisseau britannique)

____

(1) 50 et 51 Vict., ch. 35. V. dans l'*Annuaire étranger* de 1888 la traduction de cette loi.

ou que le crime n'ait été commis sur un navire dans un rayon de trois milles des côtes écossaises, ou dans un port ou rivière navigable de l'Écosse, quelle que soit d'ailleurs la nationalité du navire. En cas de crime commis dans la haute mer ou dans un port étranger, elles n'ont de juridiction que si le navire était écossais. — Les crimes ou délits militaires ou ecclésiastiques sont du ressort de Cours spéciales, mais les militaires et ecclésiastiques n'en sont pas moins justiciables des Tribunaux ordinaires pour les crimes et délits de droit commun.

Les Cours criminelles écossaises (1) sont la Cour de justiciary et la Cour du sheriff ou du substitut du sheriff. Les magistrats qui composent ces Cours font également partie de celles chargées de juger les affaires civiles. Les magistrats des bourgs et les justices of peace jugent les affaires peu importantes; la connaissance de certains délits particuliers leur a été confiée par des lois spéciales.

La Cour de justiciary possède une juridiction universelle relativement aux crimes qui peuvent être justiciables des Tribunaux écossais. Elle est seule compétente pour connaître : des quatre crimes dits de la Couronne (meurtre, viol, vol qualifié (*robbery*) et incendie) ; des violences ouvertes exercées contre les agents de la justice ; des irrégularités commises par les magistrats dans l'exercice de leurs fonctions ; et en général de tous les crimes qui entraînent une peine supérieure à l'emprisonnement. Sa juridiction s'étendant à toute l'Écosse, un crime commis dans un lieu quelconque peut être jugé par elle à Édimbourg.

Avant l'act de 1887, la Cour était composée de sept juges, tous membres de la Cour de Session, Cour suprême civile : le *lord Justice General*, président de la Cour de Session, le *lord Justice clerk*, vice-président de la même Cour et cinq *lords commissioners of Justiciary*. Aujourd'hui les treize *sénateurs du Collège de justice* (membres de la Cour de Session) font partie de la Cour de justiciary et ont également reçu le titre de *lords commissioners of Justiciary*, mais les cinq lords en fonctions au moment de la mise en vigueur de la loi nouvelle conservent un droit de préséance sur leurs collègues (2).

La Haute-Cour siège valablement lorsqu'il n'y a qu'un seul juge. Dans les affaires importantes, elle est composée de deux juges, et,

(1) Sur l'organisation de la justice, voir l'important travail de M. Du Buit, *Bulletin*, 1873, p. 344.
(2) Loi de 1887, art. 44.

dans certains cas d'un plus grand nombre. Elle peut seulement par ce moyen suffire à la tâche qui lui incombe, car elle n'est pas sédentaire. Elle siège aussi en tournées de circuit. Avant 1887, ces circuits avaient lieu deux fois par an seulement : en été entre le 20 mars et le 12 mai, et en automne en septembre et en octobre. De plus, il y avait un circuit pour Glasgow au commencement de janvier. D'antiques traditions réglaient l'itinéraire de ces circuits, prescrivaient à chaque magistrat de séjourner trois jours au moins dans chaque ville, qu'il y eut des affaires ou non, ce qui n'était plus observé dans la pratique. Enfin, des cérémonies du moyen âge étaient encore accomplies lors de l'arrivée ou du départ des juges de la Haute-Cour. Aussi quelquefois le juge se trouvait amené par l'ordre de son circuit dans une ville où n'y avait point d'affaire. Il y faisait entrée solennelle : une paire de gants blancs lui était offerte ; puis il invitait à dîner les principaux habitants et repartait le lendemain. La loi de 1887 a apporté sur ce point d'utiles modifications. Les cérémonies surannées sont abolies. Les sessions n'ont plus lieu que dans les villes où il y aura des affaires à juger ; dans les villes où ces affaires seraient en trop petit nombre, elles doivent être réunies à celles de la ville du circuit le plus proche. Les tournées de circuit n'auront plus lieu que lorsqu'il sera nécessaire et sur la réquisition du lord Avocat. Enfin les indemnités accordées aux juges pour dépenses de circuit sont supprimées : ils n'auront plus désormais que les appointements fixes qui leur sont alloués (1).

Les circuits sont actuellement ainsi répartis :

1° Circuit du nord : Perth, Dundee, Aberdeen, Inverness.

2° Circuit de l'ouest : Glasgow, Stirling, Inverness.

3° Circuit du sud : Ayr, Dumfries, Jedburgh.

Habituellement deux juges figurent dans chaque circuit ; mais un juge suffit pour chaque affaire. Ils siègent dans la pratique chacun de leur côté, de manière à rendre plus prompte l'administration de la justice.

Au-dessous de la Cour de justiciary, viennent les Cours des sheriffs et de leurs substituts. Au point de vue judiciaire, l'Écosse est partagée en districts, comprenant tantôt un comté tout entier, tantôt une fraction de comté. Dans chaque district réside un sub-

---

(1) Ces traitements ont été fixés par la loi de 1888 aux chiffres annuels de : 5,000 £ pour le Lord Justice General ; 4,800 £ pour le Lord Justice Clerk ; 3,600 £ pour les Lords Commissaires.

stitut du sheriff qui tient une Cour à la fois civile et criminelle : la Cour du sheriff.

Un groupe de districts forme le ressort du sheriff, magistrat supérieur *responsable de la paix publique* dans son comté ou groupe de comtés. Le sheriff connaît en principe de tous les crimes et délits commis dans son ressort, à l'exception de ceux qui ressortissent à la Haute-Cour. Il siège tantôt assisté d'un jury, tantôt seul. Dans ce dernier cas, il ne peut prononcer de condamnation supérieure à soixante jours de prison et à 10 £ d'amende. Cette disposition lui permet de terminer rapidement un grand nombre d'affaires de peu d'importance (1).

De l'exercice de l'action publique. — L'exercice de l'action publique en Écosse et c'est là un des traits originaux de cette procédure qui la séparent de l'Angleterre et la rapprochent de la France, appartient au ministère public agissant dans l'intérêt de la société. Le droit de poursuite des particuliers, seul connu en Angleterre, existe aussi en Écosse ; mais il se trouve réduit à une existence à peu près théorique dans la plupart des cas. Un particulier ne pourrait agir sans l'autorisation du ministère public, à moins qu'une loi particulière ne lui confère ce droit dans une circonstance donnée ; mais dans le cas où le ministère public donnerait l'autorisation, son devoir lui ordonne de poursuivre directement devant les tribunaux compétents, l'application des peines prononcées par la loi. Néanmoins, les jurisconsultes écossais donnant une théorie complète de ce droit des particuliers, nous croyons devoir reproduire les principales indications qu'ils fournissent sur ce point.

Toute personne lésée par un fait délictueux peut en poursuivre la répression, à moins qu'elle ne soit mise hors la loi. Une personne morale ou une compagnie ne peut agir, et la poursuite doit être alors intentée à la requête des associés agissant individuellement. — Les parents de la partie lésée ne peuvent poursuivre qu'en cas de crimes particulièrement atroces, tels que le meurtre, le vol, le rapt. Le common law ne détermine pas quels sont parmi les parents ceux auxquels appartient ce droit : en général, on admet que ce sont ceux entre lesquels le mariage est interdit. Plusieurs parents peuvent poursuivre ensemble, et même un parent plus éloigné peut poursuivre lorsque de plus proches restent dans

(1) V. sur le sheriff l'étude de M. Du Buit sur la procédure écossaise (*Bulletin*, 1873, p. 344).

l'inaction. — Le concours du ministère public ne peut être refusé aux particuliers que pour des motifs sérieux ; la Cour peut même l'obliger à poursuivre si les raisons alléguées pour justifier son inaction sont insuffisantes. — Les particuliers qui poursuivent doivent fournir caution de soutenir l'accusation ; la Cour peut les condamner aux dépens et même à des dommages-intérêts envers l'accusé s'ils succombent. Si l'accusé l'exige, ils peuvent être contraints de prêter le serment *de calumnia* avant d'être admis à continuer les poursuites.

Le ministère public près la Cour de justiciary se compose du Lord Advocate et de ses adjoints : le Solicitor general et les quatre avocats députés. Le Lord Advocate est le chef de tout le ministère public écossais. Il peut saisir tout tribunal, et a seul pouvoir pour agir soit par lui-même, soit par ses adjoints, devant la Haute-Cour. Dans le cas où le poste de Lord Advocate se trouve vacant, le dernier titulaire laissant des indictments non jugés, la Cour peut désigner un membre du barreau pour soutenir les accusations comme conseil de la Couronne. — Devant les Cours inférieures, le ministère public est représenté par le procureur fiscal, qui est libre de poursuivre une affaire ou de ne lui donner aucune suite. Seul, le Lord Advocate peut lui enjoindre de commencer des poursuites, de les continuer ou de les suspendre. Aucun membre du ministère public ne peut être obligé de fournir caution lorsqu'il agit. Le Lord Advocate, seul, est exempt de toute responsabilité pécuniaire envers une personne accusée sans que la *conviction* ait été obtenue (1). Les procureurs peuvent être responsables des dépens (2).

L'existence du ministère public a permis en cas d'accident, de

---

(1) « On ne peut exiger d'aucun membre du ministère public une caution « ou le serment *de calumnia*, mais seul le Lord Avocat est affranchi de « toute responsabilité ou des pénalités pécuniaires prononcées à la requête « d'une personne accusée d'un crime, sans qu'une *conviction* soit obtenue « ensuite contre elle. » (Macdonald, *op. cit.*, p. 279).

(2) Cette responsabilité est plus théorique que pratique. Jusqu'en 1864 elle était rarement appliquée. A cette époque le « Summary Procedure Act » en réglant la procédure devant les Cours inférieures a déchargé les procureurs de cette responsabilité, sauf dans les cas où une disposition de loi particulière en aurait décidé autrement. Mais le procureur qui succombe sur l'appel interjeté devant une Cour supérieure peut toujours être condamné aux frais taxés ; ces frais sont alors payés par le comté, la municipalité ou le bourg, suivant que le procureur exerce ses fonctions devant le sheriff, les magistrats municipaux ou de police.

mort violente, etc., de remplacer d'une manière efficace l'enquête du coroner, si universellement décriée aujourd'hui. Le procureur est chargé de faire toutes enquêtes nécessaires sous la direction du sheriff. Le sheriff peut citer toute personne capable d'éclairer la justice, interroger, recevoir toute déposition, et même contraindre par l'incarcération à répondre à ses questions. Le procureur peut, dès qu'il le juge convenable, intenter des poursuites contre telle ou telle personne. S'il éprouve quelque hésitation à le faire, il présente un rapport à l'un des *Avocats députés*. Ce magistrat supérieur s'entoure de tous les renseignements possibles, et s'il juge que les preuves sont insuffisantes pour obtenir une condamnation, il donne l'ordre de cesser les poursuites. Si l'*Avocat député* se trouve lui-même embarrassé, il soumet l'affaire aux autres *Avocats députés* qui se réunissent à cet effet une fois par semaine. Si la difficulté ne peut être tranchée par la réunion des avocats députés, ils la soumettent en dernier ressort au *Lord Advocate*. Tous ces magistrats supérieurs sont versés dans la médecine légale et peuvent ainsi approfondir les questions délicates beaucoup mieux que le jury du coroner.

Arrestation. — Lorsqu'un crime a été commis, le coupable peut être arrêté :

a) Par tout magistrat témoin du crime qui peut alors ou effectuer l'arrestation, ou ordonner qu'elle ait lieu sur-le-champ. De vieilles lois chargeaient même les magistrats d'Édimbourg, lorsqu'un crime était commis sous leurs yeux, de pendre sur-le-champ le meurtrier de leurs propres mains.

b) Par les constables ou officiers de police. Ces derniers peuvent agir soit en vertu d'un warrant délivré par un magistrat, soit même sans warrant lorsque le crime a été commis sous leurs yeux ou lorsqu'ils en ont reçu l'avis immédiat. Ils peuvent requérir à cet effet l'assistance des spectateurs, et lorsqu'il s'agit de crime grave, ils ont le droit d'enfoncer les portes des maisons dont l'entrée, demandée par eux, leur a été refusée.

c) Par tout citoyen témoin d'une félonie. Mais le simple particulier ne pourrait agir sur un simple soupçon ou sur une information. En cas de simple *breach of the peace*, il ne pourrait opérer d'arrestation, mais simplement intervenir pour prévenir ou empêcher le délit. Des lois particulières confient dans certains cas à toute personne ou à quelques personnes spécialement désignées, le soin d'effectuer les arrestations.

Lorsque des témoins apportent au magistrat l'avis immédiat

d'un crime, ce dernier peut ordonner verbalement l'arrestation de la personne indiquée par eux. Mais le plus souvent l'arrestation s'effectue en vertu d'un mandat lancé par un magistrat quelconque d'après les indications qui lui ont été données *(warrant to arrest)*. Sauf dans le cas où cette formalité est requise par la loi, la délivrance du warrant n'a pas besoin d'être précédée d'une déclaration sous serment quoique le magistrat puisse toujours l'exiger. Même lorsque des dispositions particulières prescrivent la déclaration, elles ne sont point applicables au ministère public.

Le warrant doit être daté et contenir la qualification du fait incriminé ; mais l'inobservance de cette règle n'a pas pour effet de le frapper de nullité, pourvu toutefois qu'il soit signé du magistrat et que l'accusé y soit désigné aussi clairement que possible. Les warrants peuvent contenir l'ordre d'amener la personne qui y est visée soit devant le magistrat qui l'a émis, soit devant tout autre. Ils peuvent être adressés à un officier de police ou même, s'il est nécessaire, à de simples particuliers. Un officier de police ne peut opérer d'arrestation que dans les limites de la juridiction du magistrat qui a délivré le warrant, à moins toutefois que le warrant ne soit endossé *(indorsed)* par le magistrat dans le ressort duquel le délinquant a fui. Les warrants délivrés par un sheriff sont exécutoires dans toute l'Écosse, pourvu qu'ils soient présentés par un officier de la Cour qui les a émis ou par un *messenger-at-arms*. Si le délinquant a quitté l'Écosse, le warrant doit alors être endossé par le magistrat du lieu dans lequel se fait l'arrestation. Dans ce cas, le porteur doit, s'il en est requis, affirmer sous serment la sincérité du warrant. Tout warrant endossé peut être exécuté non seulement par le porteur, mais encore par tout officier de police du lieu de l'endossement.

L'officier de police, porteur du warrant, doit indiquer à la personne qu'il arrête la nature de l'accusation et montrer le warrant s'il en est requis. Il doit la conduire sans délai devant le magistrat pour y être interrogé, car le warrant à l'effet d'opérer l'arrestation ne peut permettre de conduire un citoyen en prison sans qu'il ait comparu devant le magistrat. La détention est permise pour une nuit seulement, lorsque la distance, ou l'heure avancée, la rendent indispensable. Quand l'arrestation est effectuée sur warrant endossé, l'officier de police doit amener le prévenu devant le magistrat du ressort afin que la question de la mise en liberté sous caution soit examinée sur-le-champ ; lorsqu'une caution ne peut être acceptée ou trouvée, le magistrat confie le prévenu à la garde de l'officier pour être ramené devant le magistrat qui a émis le warrant. Dans le cas d'une arrestation opérée en Angleterre, on conduisait autrefois le prévenu devant le magistrat d'un des comtés écossais les plus proches, mais aujourd'hui la facilité des communications permet de le ramener directement au magistrat qui a émis le mandat.

Les membres de la Chambre des Communes ne peuvent être arrêtés durant la session du Parlement si ce n'est pour trahison ou felony.

Instruction préparatoire et interrogatoire du prévenu. — Nous avons dit que tout individu arrêté pour quelque cause que ce fût devait être sans délai conduit devant le magistrat. Si l'affaire est peu importante et ressort à la *summary jurisdiction*, il est procédé au plus tôt au jugement. Mais si, au contraire, elle mérite un examen sérieux, le magistrat doit interroger le prévenu afin de se rendre un compte sommaire de la valeur des charges qui s'élèvent contre lui.

Cette partie de la procédure est très importante : de son issue dépend pour le prévenu, soit la liberté immédiate, soit une détention préventive qui peut être longue. Aussi est-il nécessaire de maintenir ici au moins la balance égale entre le poursuivant et le poursuivi. Nous savons combien les droits de l'accusé sont protégés en Angleterre pendant toute cette phase de la procédure. Le sont-ils aussi bien en Écosse? c'est ce que nous allons examiner.

Un magistrat quelconque peut procéder à l'interrogatoire. Il doit y être *véritablement présent*, c'est-à-dire, ajoutent les jurisconsultes écossais, que la personne physique même serait insuffisante. Tous les ressorts de son intelligence doivent y être employés; ainsi, un magistrat endormi serait considéré comme non présent.

En premier lieu, le magistrat doit s'assurer que le prisonnier est sain d'esprit et peut comprendre ce qui se passe autour de lui. Lorsque cette vérification a donné un résultat affirmatif, le magistrat explique l'accusation portée et avertit le prisonnier du parti que l'on pourrait plus tard tirer contre lui de ce qu'il va répondre, et l'informe qu'il est libre de garder le silence. Le prévenu a le choix entre trois partis : garder un silence absolu, déclarer qu'il refuse de répondre, ou répondre aux questions qui lui sont posées. S'il choisit le premier, le magistrat l'interroge jusqu'à ce que sa volonté de rester muet soit pleinement établie; le fait est alors *recorded* par le magistrat. Si l'accusé répond, il doit le faire librement et volontairement, ne pas céder à des promesses ni à des menaces. Le magistrat doit d'ailleurs continuer à garder une attitude absolument réservée et ne pas prononcer une parole qui semblerait exciter à parler. Il est dressé procès-verbal de tout ce que dit l'accusé, non point mot à mot, mais dans un sens général. Ce procès-verbal doit être dressé par une personne absolument indépendante et de l'accusation et de la défense (habituellement le clerk du sheriff). Il est lu après l'examen à l'accusé, qui peut y faire toutes modifications et additions ; il est ensuite signé par le magistrat et l'accusé. Si l'accusé ne peut ou ne veut signer, le fait est mentionné et le magistrat signe seul. Tout étranger traduit devant le magistrat pourra demander le secours d'un interprète chaque fois que cela sera nécessaire, et même obtenir que deux témoins connaissant la langue dans laquelle il s'exprime assistent à l'interrogatoire.

Si ce premier interrogatoire est insuffisant, il peut être procédé à un second. Dans ce cas, on doit donner à l'accusé, avant de lui poser de nouvelles questions, lecture du procès-verbal de l'interrogatoire précédent. L'accusé ne peut être admis à obtenir la liberté sous caution tant que ce second interrogatoire n'a pas eu lieu ; mais il ne peut, dans ce cas, être détenu pendant plus de huit jours. Mais un second interrogatoire ne peut avoir lieu après la signification de l'indictment. — L'accusé peut demander lui-même à être interrogé de nouveau.

Certains auteurs, Mittermaier notamment, considèrent la situation ainsi faite à l'inculpé en Écosse comme moins favorable qu'elle ne l'est en Angleterre. D'après eux, l'accusé qui accepte de répondre peut être pris entre deux légistes, le juge et le procureur, qui peuvent l'embarrasser par leurs questions. Cependant il n'en serait rien ; dans la pratique, on applique le vieil adage : le juge est le conseil naturel du prisonnier. Le rôle du magistrat écossais consisterait à protéger le prévenu contre toute question du procureur autre que celles absolument nécessaires à la recherche de la vérité, et notamment à veiller à ce qu'il fût laissé en repos lorsqu'il refuse de répondre. La loi de 1887 a cru devoir, dans son article 17, ajouter une autre garantie : actuellement le prévenu peut requérir l'assistance d'un conseil (ordinairement un avoué) en présence duquel les interrogatoires doivent avoir lieu. A cet effet, le magistrat peut différer l'interrogatoire de quarante-huit heures au maximum, afin de permettre au conseil de s'y trouver. — Les résultats pratiques donnés depuis deux ans par cette réforme si souvent réclamée sur le continent sont, paraît-il, insignifiants.

La plupart des accusés négligent d'invoquer l'assistance du conseil, les uns parce qu'à l'interrogatoire ils se renferment dans un mutisme absolu et refusent de répondre, les autres parce qu'ils ont pleine confiance dans l'équité des magistrats instructeurs. Les conseils dont l'assistance est invoquée invitent presque toujours leur client à rester muet ; ils surveillent la procédure, et, si le procureur sort de son rôle en essayant de forcer le prévenu à parler sans que le magistrat intervienne, ils font des représentations respectueuses à ce dernier pour l'inviter à remplir son devoir. En résumé, les légistes écossais paraissent considérer la disposition nouvelle de la loi de 1887 comme une satisfaction inoffensive donnée aux réclamations de quelques théoriciens.

Instruction ou precognition (1). — L'interrogatoire n'est pas le seul moyen de fixer la conviction du magistrat sur la décision à prendre relativement à la personne amenée devant lui. Comme il serait tout à fait insuffisant, le magistrat emploie tous moyens d'instruction propres à amener la découverte de la vérité : notamment, il cite devant lui toute personne qui pourrait l'éclairer. Le magistrat procède lui-même à cette audition du témoin. L'accusé n'y est pas présent et ne peut se faire représenter par personne pour poser à ceux-ci des questions après qu'ils ont déposé. On n'entend que des témoins à charge ; l'accusé n'a aucun droit d'en faire entendre à sa décharge. Mais, dans la pratique, les magistrats écossais considèrent comme un devoir de déférer à la demande qui serait faite par l'accusé à cet égard. Les témoins sont entendus, chacun séparément ; le procureur fiscal peut leur poser des questions. Note est prise de ce qui résulte des dépositions, mais sans mentionner les questions posées. — Les témoins qui ne déféreraient pas à la citation lancée par le juge sont amenés devant lui. Le magistrat peut ordonner l'incarcération de ceux qui refusent de répondre.

Cette partie de la procédure criminelle écossaise est celle qui nous paraît la plus défectueuse. Nous avons rencontré, et nous rencontrerons encore des parties supérieures aux errements suivis en Angleterre ; mais, sur ce point, l'espèce de suspicion dans laquelle est tenu l'accusé nous paraît bien au-dessous de la marche suivie au grand jour par la justice anglaise. Heureusement l'équité et les lumières des magistrats écossais compensent dans

(1) Alison, p. 135 et suiv.

la pratique ce que cette théorie peut avoir de trop défectueux et de trop partial.

Issue de l'instruction; du commitment; de la mise en liberté sous caution. — Lorsque par tous les moyens légaux (interrogatoire, audition des témoins, perquisitions, etc.), le magistrat est arrivé à former son opinion sur les charges alléguées contre le prévenu, il doit ou le mettre en liberté ou le renvoyer en prison pour y attendre le jugement (*commitment for trial*).

Quand il s'élève des préventions sérieuses contre l'accusé, il est, comme nous venons de le dire, conservé à la disposition de la justice (*committed for trial*). A cet effet, le magistrat délivre un warrant mentionnant le nom du prisonnier et spécifiant exactement le crime dont il est accusé, et une *information* signée de lui, mais qui peut être sous forme de lettre, aucune formalité particulière n'étant requise. Un double de ce warrant doit être délivré au prévenu par l'officier auquel il est confié ou par le gardien de la prison.

L'accusé *committed* peut, s'il le désire, demander à être mis en liberté sous caution (*bail*). Il n'y a pas bien longtemps encore, les choses se passaient ainsi : l'accusé présentait une requête à l'effet d'obtenir la faveur qu'il sollicitait. Le magistrat, le ministère public entendu, accordait ou refusait. Lorsque le prévenu plaidait coupable au cours de la première audience (*first diet*), la mise en liberté ne pouvait lui être accordée que par une décision du lord Advocate qui fixait lui-même l'engagement de la caution. — D'anciennes lois fixaient à des chiffres invariables l'obligation de la caution qui ne pouvait excéder 30,000 francs pour un pair, 15,000 francs pour un gentilhomme propriétaire foncier, 7,500 francs pour un gentilhomme, un bourgeois ou le propriétaire d'un immeuble, 1,500 francs pour toute autre personne. La mise en liberté ne pouvait être accordée dans un grand nombre de crimes ou de délits ; mais, dans ce cas, le prévenu pouvait s'adresser à la Haute-Cour qui pouvait l'accorder sous les conditions qui lui paraissaient équitables.

Une loi de 1888 vient de remanier cette matière (1). Désormais, toute personne *committed* pourra réclamer sa mise en liberté sous caution, sauf dans le cas de crimes ou de trahisons. Le magistrat a vingt-quatre heures pour statuer sur cette requête. S'il laisse passer ce délai sans prendre de décision, l'accusé est mis en liberté.

(1) Loi du 13 avril 1888 pour modifier les règles de la mise en liberté sous caution (51 et 52 Vict., ch. XXXVI). La traduction sera publiée dans l'*Annuaire* de 1889.

Accorde-t-il la mise en liberté, il fixe lui-même le chiffre de la caution. A-t-il rejeté la requête ou fixé l'engagement de la caution à un chiffre exagéré, l'accusé peut interjeter appel devant la Haute-Cour. Si cet appel n'est pas jugé dans les soixante-douze heures, l'accusé est mis en liberté, à moins que la Cour n'ait donné l'ordre exprès de le retenir en prison. Le ministère public peut également interjeter appel ; dans ce cas, l'accusé ne sera mis en liberté que lorsqu'il aura été statué sur cet appel. Chose digne de remarque, le ministère public qui succombe dans son appel peut être condamné aux dépens par la Cour.

Citation. — L'accusé committed reçoit une citation à l'effet de comparaître devant la Cour. Cette citation contient la liste des témoins. L'accusé ne peut examiner ou faire paraître un témoin qui ne serait pas mentionné sur la liste dressée par le ministère public, à moins qu'une note manuscrite contenant les noms de ceux qu'il désire faire entendre, ainsi que la désignation des pièces qu'il lui paraît nécessaire de produire, ne soit remise par lui au ministère public trois jours avant celui où le jury de jugement prêtera serment. Dans le cas où l'accusé prouverait qu'il n'a pu faire cette déclaration en temps opportun, la Cour peut soit ajourner le procès, soit prendre tout autre parti qui lui paraîtra convenable (1).

L'accusé a le droit d'examiner les objets et pièces à conviction ; cet examen se fait dans le bureau du clerk de la Cour.— Il doit signifier un jour au moins avant le procès ses défenses spéciales, telles que : folie, alibi, légitime défense, etc. Les pièces justificatives doivent être signifiées dans le même délai.

De l'indictment. — Dans le cas où l'accusé plaide non coupable, ce qui entraîne le renvoi devant le jury, il est indispensable de préparer un acte d'accusation ou *indictment*. La confection de cet indictment appartient au ministère public. Elle constitue une de ses prérogatives les plus importantes. Comme il n'y a en Écosse ni grand jury, ni chambre de mises en accusation, c'est l'indictment qui fixe les termes du débat qui doit avoir lieu devant le jury de jugement et qui détermine nettement la nature des faits incriminés.

En Angleterre, au moment de l'ouverture des débats, le prosecutor analyse l'accusation et appelle l'attention des jurés sur les divers points qu'il a l'intention d'établir (*open the case*). Cette formalité n'existe pas en Écosse ; mais cet exposé se trouve dans l'in-

(1) Loi de 1887, art. 36.

dictment qui est par conséquent plus long et plus détaillé qu'en Angleterre. L'indictment affecte la forme d'un syllogisme et contient trois propositions qui peuvent se résumer ainsi : le meurtre doit être puni, — A est accusé de meurtre, — donc, si le fait est établi, A doit être puni.

Avant l'act de 1887, la rédaction de l'indictment était soumise à des règles nombreuses, compliquées : ce qui avait pour effet d'en rendre la rédaction extrêmement délicate (1) et de multiplier les causes de nullité. La loi de 1887 a apporté, sur ce point, une utile réforme en élaguant la plus grande partie de l'indictment et en le réduisant aux proportions d'un exposé analogue à celui de l'indictment anglais. Pour montrer l'importance de cette modification, nous croyons devoir reproduire un exemple d'indictment avant et après la loi de 1887 (2).

« Patrick Hughes, actuellement ou dernièrement prévenu dans
« la prison de Dundee, vous êtes poursuivi et accusé sur la
« demande du RIGHT HONOURABLE JOHN HAY ATHOL MACDONALD,
« avocat de Sa Majesté dans l'intérêt de Sa Majesté; COMME
« par les lois de ce pays et de tout autre pays bien gouverné,
« LE VOL, surtout quand il est perpétré AVEC EFFRACTION et par
« une personne laquelle est voleur par habitude et réputation,
« est un crime, odieux de sa nature et sévèrement punissable ;
« CEPENDANT VRAI EST-IL ET DE VÉRITÉ, que vous êtes coupable comme
« auteur ou comme complice du susdit crime, aggravé comme il
« est susdit : EN CE QUE

« Le 3 février 1887,

« ou quelques jours de ce mois ou de janvier immédiatement pré-
« cédent ou de mars immédiatement subséquent, vous violâtes et
« pénétrâtes, méchamment et avec une intention criminelle, la
« maison ou les lieux situés à ou près de Barnhill Links, dans la

---

(1) Un exemple rendra cette importance tangible : nous avons sous les yeux le grand ouvrage de M. Macdonald comprenant le droit pénal et l'instruction criminelle. Sur 630 pages formant son contenu, 162 sont consacrées à la seule exposition des règles de l'indictment.

(2) Nous devons la communication de cette pièce authentique à l'obligeance de notre collègue M. Daniell, avocat à Edimbourg et membre correspondant de la Société de législation. Un remarquable exemple d'indictment est également fourni par Mittermaier (*loc. cit.*, p. 281), celui lancé dans le célèbre procès des officiers du navire l'*Orion*.

« paroisse de Monifieth, comté de Forfar, alors et actuellement ou
« dernièrement occupés par Agnes Kay, vachère, alors et actuelle-
« ment ou dernièrement y résidant, en levant par force le châssis
« inférieur d'une fenêtre de la susdite maison ou des lieux susdits
« et en vous y introduisant ; et vous ayant ainsi, ou de quelque
« autre façon au plaignant inconnue, procuré l'entrée, alors et là
« méchamment et avec une intention criminelle, vous volâtes et
« comme voleur vous emportâtes :

« Dix-huit (*plus ou moins*) billets de banque, chacun de la valeur
« d'une livre sterling,

« Deux (*plus ou moins*) demi-livres sterling en or,

« Quatre livres sterling (*plus ou moins*) en monnaie d'argent ; en
« la propriété ou légalement dans la possession de la susdite Agnes
« Kay : et vous avez déjà été déclaré coupable de vol ; et vous,
« ayant été arrêté et amené devant John Campbell Smith, Esquire,
« *avocat, sheriff* substitut du comté de *Forfar*, avez, lui présent,
« le 21 févr'er 1887, fait et soussigné une déclaration, laquelle ac-
« compagnée d'un pantalon, un gilet et une casquette et aussi de
« deux (plus ou moins) vieux habits, de trois (plus ou moins) gilets
« et d'une casquette et, en outre, d'extraits ou copies certifiés de
« deux condamnations du crime de vol, dont vous avez été trouvé
« coupable devant le Tribunal de police à Dundee le 1er mars 1873
« et le 20 février 1879, sera mise en évidence contre vous lors de
« vôtre procès ; et toutes ces pièces seront à ce but dûment mises
« dans les mains du clerk de la Cour justiciaire en tournée, devant
« laquelle vous serez traduit en justice, afin que vous ayez une occa-
« sion de les examiner ; lequel étant, entièrement ou partiellement,
« établi par le verdict d'un jury ou confessé en pleine Cour par vous le
« susdit Patrick Hughes, devant le lord justice général, le lord justice
« clerk, et les lords commissaires de justiciaire, siégeant isolément,
« ou plusieurs, ou tous ensemble, dans leur session judiciaire en
« tournée à Dundee au mois de mars de l'année courante 1887,
« vous, le dit Patrick Hughes, devez être châtié au moyen des
« peines de droit afin d'effrayer toute autre personne, de la sorte
« qu'on ne perpètre jamais de tels crimes dans tout l'avenir.

« (Signé) James Wallace, avocat député ».

Annexes. — Liste des témoins.

Liste des personnes citées pour le jury (22 spéciaux et 65 ordinaires, dont 5 spéciaux et 10 ordinaires seront tirés au sort).

La rédaction du même *indictment* serait aujourd'hui à peu près la suivante :

« PATRICK HUGHES, prévenu dans la prison de Dundee, vous
« êtes accusé sur la demande de JOHN HAY ATHOL MACDONALD,
« l'avocat de Sa Majesté ; et l'accusation contre vous est que, le
« 3 février 1888, vous pénétrâtes dans la maison occupée par Agnes
« Kay, vachère, à Barnhill, Monifieth, et y volâtes vingt-trois
« livres sterling ».

Citation. — En même temps que la signification de l'indictment, l'accusé reçoit une citation à comparaître. Les témoins sont cités personnellement, les jurés par lettre recommandée.

La citation remise à l'accusé doit contenir la liste des témoins et celle des jurés sauf dans le cas où les deux instances ont lieu devant la Cour de justiciary. Si l'accusé propose d'ajouter des témoins qui ne sont pas sur la liste du poursuivant, il doit en déposer la liste signée de lui ou de son fondé de pouvoir au clerk de la Cour, et on en remettra le double au poursuivant. S'il veut invoquer une défense spéciale telles que alibi, folie, légitime défense, il doit en donner avis par écrit signé de lui ou de son mandataire au clerk de la Cour.

1ʳᵉ *session, session des déclarations (first diet, pleading diet).* — Quand un indictment a été dressé contre un individu *committed for trial*, il ne reste plus qu'à le traduire devant le tribunal compétent pour que le jury, après examen de la cause, prononce sur la question de culpabilité. Mais la procédure écossaise se rapprochant sur ce point de celle de l'Angleterre, exige préalablement la connaissance de l'attitude que l'accusé compte prendre dans sa défense ainsi que le jugement des questions préjudicielles ou incidents qui viendraient à se poser ; tout cela afin de déterminer si l'affaire doit être ou non soumise au jury, et dans le premier cas de présenter aux jurés une instance dans laquelle la question de culpabilité est dégagée de tout incident de droit pur échappant à leur compétence. De là deux phases bien distinctes dans le procès (*Trial*), se passant comme en Angleterre devant le tribunal compétent, lorsque ce tribunal était la Cour de Justiciary. La loi de 1887 a réalisé sur ce point une utile réforme ; elle a consacré cette séparation effective en généralisant une pratique d'un usage courant devant les Cours de sheriff, et divisant toute procédure en deux parties : session des déclarations (pleading diet) et session du procès.

Actuellement tout individu *committed for trial* doit être tout d'abord cité devant le sheriff. Là on lui demande s'il entend plaider coupable ou non coupable. Si l'accusé se déclare coupable, le sheriff peut renvoyer l'affaire à une autre audience dans laquelle il prononcera le jugement, alors même que le procès eut dû ressortir définitivement au tribunal d'un autre sheriff (1). Si le premier sheriff préfère laisser au second le jugement qui doit suivre l'arrêt de culpabilité, ou si le prévenu ne se déclare coupable que d'une partie seulement des faits allégués ou avoue seulement s'être rendu coupable d'un délit peu important (*minor offense*), le ministère public ne consentant pas à modifier l'indictment dans le même sens, il y aura lieu de rendre un jugement interlocutoire déférant l'affaire au sheriff compétent pour juger la seconde session. Mais si le procès est du ressort de la Cour de Justiciary ou paraît d'une importance telle que cette Cour seule puisse le trancher, le sheriff doit renvoyer le prévenu devant cette Cour à l'époque et au lieu déterminé par le Lord Advocate (2).

Si la session du procès doit se dérouler devant la Haute-Cour, elle y arrive désormais considérablement simplifiée. La loi nouvelle a donné au sheriff procédant à la première session pleine compétence pour connaître de toutes irrégularités ou erreurs de forme qui auraient pu se produire jusque-là dans la procédure. Si ces irrégularités ne peuvent nuire à l'accusé ou sont sans importance, le sheriff se borne à poser la question : coupable ou non coupable. Au contraire, si elles ont été reconnues sérieuses ou nuisibles au prévenu, le sheriff les mentionnera sur la copie officielle de l'indictment, signera cette mention et renverra l'indictment à la Cour avec les autres pièces du procès (3).

L'accusé ne peut au cours de la session du procès présenter une défense spéciale à moins que cette défense n'ait été présentée et enregistrée au cours de la session des déclarations. Cependant une

---

(1) On peut aussi lorsqu'un accusé éclare l'intention de plaider coupable lui signifier un acte d'accusation avec sommation de comparaître dans les quatre jours devant le sheriff pour y entendre son arrêt (L. de 1887, art. 31). L'accusé qui plaide coupable peut être entendu par la Cour pour demander une diminution de peine.

(2) Si l'accusé refuse de répondre lorsqu'il est sommé de déclarer s'il plaide coupable ou non coupable, il est considéré comme plaidant non coupable. Il en est de même dans le cas où sa réponse est ambiguë ou lorsque les communications sont difficiles avec lui.

(3) Act de 1887, art. 29.

telle défense peut être admise par la Cour s'il est établi d'une manière satisfaisante que cette défense n'a pu être invoquée à une époque plus rapprochée. Dans ce cas, elle devra être proposée deux jours francs au moins avant la session du procès.

Le rôle de ministère public est rempli dans la première session par le procureur fiscal du comté dans lequel elle se déroule; mais si le procureur fiscal qui doit agir dans la deuxième session ou l'un des avocats députés le demandent, ils pourront y prendre la place du procureur fiscal compétent.

2ᵉ session, session du procès (second diet). — Il y a lieu de procéder à cette session lorsque l'accusé plaide non coupable. Dans ce cas, il est cité à comparaître devant la Cour compétente assistée d'un jury. Cette Cour doit siéger en public, c'est-à-dire que pendant l'audience toutes les portes doivent être ouvertes; il est illégal d'exclure les assistants de la salle si ce n'est dans le cas où la Cour a de légitimes raisons d'appréhender quelque désordre ou des faits d'intimidation, ou bien encore lorsque le caractère de l'affaire est tel que le huis clos devient une nécessité. Même dans ces circonstances particulières, il faut que les portes soient ouvertes de nouveau avant que le jury ne prononce son verdict.

A la Cour est confié le pouvoir de maintenir l'ordre à l'audience et de punir tous actes de mépris contre l'autorité ou la dignité des magistrats. Si l'accusé, un témoin, un juré se présentent en état d'ivresse, si quelqu'un se conduit d'une manière insultante ou méprisante pour la Cour, ces faits doivent être immédiatement réprimés et punis. La Cour peut également faire comparaître toute personne qui essaie d'entraver d'une manière quelconque la marche régulière de la justice, par exemple en détenant des pièces à conviction.

Pour que l'affaire puisse être jugée, il est nécessaire que l'accusé comparaisse en personne, ainsi que le poursuivant. Seul le Lord Advocate peut comparaître par représentant. Néanmoins l'une et l'autre des deux parties peuvent s'excuser et demander ou faire demander à la Cour un délai que celle-ci peut accorder ou refuser à sa discrétion. Si l'une des deux parties, bien que présente à l'audience, n'est pas préparée, elle peut obtenir de la Cour un délai à l'expiration duquel elle devra se représenter (1).

La Haute-Cour de justice a le pouvoir de revoir toute la procé-

(1) L'accusé qui ne comparaît pas aux jour et heure fixés dans la citation peut être mis hors la loi.

dure qui a eu lieu lors de la session des déclarations. Si dans cette première session, l'accusé s'était reconnu coupable par erreur ou dans des conditions qui puissent lui être préjudiciables, ou devant une accusation mal fondée, la Cour peut lui permettre de modifier ou de rétracter ses aveux. Dans ce cas, sur la requête du ministère public, la Cour pourra renvoyer l'affaire à une date ultérieure ou même abandonner le procès (1).

L'instance régulièrement appelée, la Cour, si l'accusé n'a point de conseiller légal, lui en désigne un d'office; elle lui donne également un interprète s'il ne comprend pas l'anglais ou s'il est muet ou sourd.

Tout d'abord, il est procédé au jugement préalable par la Cour de diverses questions ou exceptions (*pleas in bar*) dont l'existence reconnue peut amener l'absolution de l'accusé ou l'abandon du procès. La Cour décide sans l'assistance du jury. Parmi ces *pleas in bar*, les principaux sont les suivants :

Insanity. Il est allégué que l'accusé a agi en état de démence. Si ce fait est établi, la Cour décide qu'il sera enfermé dans un asile d'aliénés jusqu'à ce que la volonté de la Reine soit connue à son égard.

Want of jurisdiction. L'accusé demande à la Cour de se déclarer incompétente.

Res judicata. L'accusé prétend avoir déjà été traduit en jugement pour le même fait. On ne peut alors le poursuivre à nouveau. Ainsi l'accusé renvoyé des fins de la plainte par le substitut du sheriff, ne peut être jugé par le sheriff. Ce *plea* se présente le plus souvent sous la forme : *Tholed an assize*, c'est-à-dire que l'affaire a déjà été amenée devant les assises pour la preuve y être faite par le poursuivant. L'accusé, dans ce cas, ne peut être jugé de nouveau. Mais il faut que le premier procès ait été régulier et porte bien sur l'*eadem res*. Le poursuivant ne peut écarter l'exception *de re judicata* en changeant la qualification du même fait.

Immunité garantie par le poursuivant. Ce qui a lieu lorsque le ministère public fait citer un témoin et demande au juge de déclarer préalablement à l'interrogatoire qu'aucune poursuite ne sera exercée contre lui au sujet du crime ou du délit pour lequel il dépose. Quand une telle convention n'est point intervenue, c'est une question controversée, parmi les jurisconsultes écossais, que de savoir si le témoin peut être inquiété.

(1) Act de 1887, art. 41.

Separation of charges, ou requête adressée à la Cour pour lui demander de juger séparément certains faits.

Séparation of trials, requête adressée à la Cour à l'effet d'obtenir que certains accusés soient jugés séparément.

Sur ces deux derniers points, la Cour possède un pouvoir discrétionnaire.

Du jury. — Lorsque tous ces incidents préliminaires ont été vidés, et que l'accusé continue à plaider non coupable, il est renvoyé devant la Cour assistée d'un jury pour y être définitivement jugé.

Le jury ne siège pas d'une manière permanente : il doit être constitué à nouveau pour chaque affaire. Les jurés sont choisis par voie de tirage au sort sur une liste comprenant un tiers de jurés spéciaux, et deux tiers de jurés communs; mais, depuis la loi de 1887, le tirage au sort pour la formation de chaque jury ne s'exerce plus sur l'ensemble de la liste. D'après la liste générale, une liste particulière comprenant un nombre de jurés déterminés, est établi par le clerk de la Cour; c'est sur cette liste que l'on procède au tirage. Le jury ainsi constitué, les noms des jurés qui n'ont pas été appelés sont reportés sur la liste établie pour l'affaire suivante. — L'accusé et le ministère public ont le droit de récuser cinq jurés chacun (*peremptory challenge*); deux jurés spéciaux et trois jurés communs. Ils peuvent aussi élever des objections contre tel ou tel juré pour différents motifs, tels que : insanité, mise hors la loi, parenté avec la victime ou le poursuivant, etc. — Le jury définitivement constitué comprend cinq jurés spéciaux et dix jurés communs. Tous ces jurés sont obligés de prêter serment, mais si le juge estime qu'un des jurés a de bonnes raisons de se refuser à cette formalité, il peut l'admettre à faire seulement une affirmation solennelle. — Quand les jurés ont prêté serment, ils ne peuvent plus avoir de communications particulières avec personne. — Au cours de l'instance, un juré vient-il à tomber malade? Dans ce cas, on peut, avec le consentement de l'accusé, le remplacer par un nouveau juré qui prête serment, et devant lequel les témoins déjà entendus déposent de nouveau.

Le jury ainsi constitué, on lui fait connaître les défenses spéciales déposées par l'accusé, telles que : l'alibi, la légitime défense, la provocation, etc. Puis, le poursuivant est admis à faire la preuve des faits allégués dans l'indictment.

Rôle du président et de l'accusateur au débat. — Comme en Angleterre, le juge préside aux débats, sans y intervenir personnel-

lement. Il ne se livre pas, comme en France, à un long interrogatoire du prévenu ; cette formalité n'existe pas plus en Écosse
qu'en Angleterre et sa suppression permet de terminer plus rapidement le jugement des affaires. De plus, il nous semble que la
dignité du juge est ainsi mieux conservée, n'étant pas compromise
dans un débat duquel elle court le risque de sortir amoindrie (1).
Chacune des parties examine ou contre-examine les témoins
qu'elle a cités et ceux de la partie adverse. Le juge n'intervient que
pour poser simplement les questions propres à éviter les méprises
et à ramener dans de justes limites une interpellation indûment
faite (2), pour maintenir une balance égale entre l'accusateur et
l'accusé, pour simplifier les discussions et faciliter les délibérations
du jury. Il doit appeler aussi l'attention de l'accusé sur les facultés
que la loi lui accorde, conformément au vieil adage : *The judge is
the counsel for the prisoner*.

Le poursuivant (*prosecutor*), membre du ministère public, ne
jouit pas du droit qui appartient au prosecutor anglais d'ouvrir
les débats en résumant l'affaire pour les jurés (*openning the case*).
Mais il jouit d'un avantage beaucoup plus considérable. Ayant
édigé l'indictment sans être lié par le verdict d'un grand jury, il
pose les bases de l'accusation telles qu'il les conçoit. De plus, au
cours des débats, il est en droit de les restreindre pour peu qu'il
s'aperçoive que l'accusation ne saurait être soutenue jusqu'au bout
telle qu'elle a été posée. Ajoutons que l'attitude des membres du
ministère public écossais est toujours très simple, très impartiale,
et qu'ils agissent dans la poursuite des criminels sans prendre un
ton d'autorité, parlant comme des hommes qui remplissent un
devoir, et par conséquent prêts à abandonner leur conviction
première sans aucun amour-propre blessé dès qu'elle paraît
erronée.

De la preuve et des témoins. — Tout accusé ayant pour lui la
présomption qu'il est innocent, il appartient à l'accusation de faire
preuve complète de sa culpabilité. Cette preuve, comme celle contraire, peut être faite par tous les moyens, sauf pour le juge à statuer quand il y a contestation sur l'admissibilité du moyen em-

(1) En France, en effet, le président des assises semble être plutôt que le
ministère public, le poursuivant. Aussi souvent un acquittement ou une
condamnation plus faible que celle requise semblent-ils un échec person-
nel qui lui est infligé.

(2) Mittermaier, *loc. cit.*, p. 352.

ployé. Une preuve directe doit toujours passer avant une preuve indirecte, et il est de principe que les jurés doivent rendre un verdict de non culpabilité lorsqu'un doute raisonnable peut s'élever sur cette culpabilité (1). Bien entendu, le principal mode de preuve est la preuve testimoniale.

En prncipe, toute personne citée peut et doit venir déposer, mais par exception ne peuvent être entendus comme témoins:

Les enfants, à moins qu'il ne soit constaté par la Cour que leur intelligence est assez développée pour leur permettre de comprendre l'obligation de dire la vérité qui leur est imposée;

Les personnes en état de folie ou d'idiotie au moment où le fait incriminé a été commis;

Les témoins qui ne croient pas en Dieu; mais une tendance à accueillir ces témoins semble se manifester, à moins qu'ils ne déclarent formellement ne croire ni en Dieu, ni à la vie future (2);

Le ministère public, à moins qu'il n'ait été témoin oculaire du crime;

Les outlaws;

Les témoins qui paraissent avoir une animosité personnelle contre l'accusé.

Quand plusieurs accusés sont prévenus du même crime, ils ne peuvent témoigner les uns contre les autres; mais on peut obtenir ce résultat en demandant à la Cour de permettre que des instances séparées soient ouvertes contre chacun d'eux. — Un témoin corrompu ou ayant été l'objet d'une tentative de corruption ne peut être admis à déposer en faveur de la partie qui l'a corrompu ou essayé de le corrompre. Mais ne serait pas reprochable comme corrompu le *socius criminis* appelé par la Couronne. Il n'y aurait pas corruption dans le fait d'allouer au témoin une somme raisonnable en sus de ses frais de déplacement, ou dans la promesse faite par le *prosecutor* de le garantir contre la vengeance de l'accusé et de ses amis. Mais il pourrait y avoir corruption dans le fait de payer une somme extravagante comme frais ou dépenses. — On ne peut reprocher un témoin sous le prétexte qu'il a fait marché avec la Couronne à l'effet d'être déchargé des poursuites, ou parce qu'il se trouve en prison et par conséquent au pouvoir du *public prosecutor*.

(1) D'après Alison, il ne doit pas demeurer *a reasonable doubt in a reasonable mind* (*Principes and practises of criminal law*, p. 551).

(2) Macdonald, *op. cit.*

Le juge, avant de recevoir la déposition, fait prêter serment au témoin. La formule du serment est la suivante : « Je jure par Dieu tout-puissant, devant qui j'aurai à répondre au grand jour du jugement, de dire la vérité, toute la vérité, rien que la vérité. » Si le témoin peut alléguer des raisons sérieuses qui l'empêchent de prêter serment, le juge a la faculté de se contenter d'une affirmation solennelle. Le témoin qui refuse de prêter serment ou d'affirmer solennellement, peut être emprisonné pour mépris de la Cour (*contempt of Court*). — Les enfants au-dessous de douze ans ne prêtent point serment, mais sont requis par le juge de dire la vérité.

Les témoins doivent répondre à toutes les questions qui leur sont posées, sous peine d'être envoyés en prison s'ils refusent de le faire. Il n'y a d'exception admise que dans le cas où la question tendrait à incriminer le témoin lui-même : il peut alors refuser de répondre.

Le témoin est d'abord examiné par le représentant de la partie à la requête de laquelle il a été cité. Si l'autre partie ou un juré désire lui poser une question, il y est procédé par la Cour. Les questions posées doivent se rapporter aux faits visés dans l'indictment et ne pas s'en écarter. Le témoin doit y répondre de lui-même et sans être dirigé par l'interrogateur, sauf dans le cas où il serait nécessaire de préciser ses souvenirs sur un point particulier.

L'ouï-dire (*hearsay*) ne saurait constituer un moyen de preuve, sauf dans le cas où il serait impossible de se procurer des renseignements plus précis : ainsi, par exemple, on peut invoquer les dires de la victime blessée et morte depuis. Les dires ou écrits émanant de l'accusé peuvent servir à sa condamnation, mais non à sa défense.

En principe, un seul témoignage est insuffisant pour établir une preuve, à moins qu'il ne soit déclaré suffisant par une loi particulière, ou que ce témoignage unique soit confirmé par les circonstances ou les déclarations faites par l'accusé.

Lorsque la preuve a été faite, l'accusé qui jusque-là plaidait non coupable, peut demander à être admis à plaider coupable. Il est alors déclaré coupable par le jury dans les termes qu'il a lui-même fixés.

Verdict. — Tous les moyens propres à apporter l'évidence aux yeux des jurés ayant été employés, l'accusateur et l'accusé s'adressent au jury. Le président, comme en Angleterre, résume les débats, et le jury est invité ensuite à délibérer sur le verdict qui doit être rendu par lui. Cette délibération peut avoir lieu à l'audience : sans quitter la salle les jurés se consultent et formulent leur verdict. Mais ils peuvent aussi se retirer dans une pièce particulière pour y discuter. Ils doivent alors être enfermés, sans communication avec le dehors, jusqu'à ce qu'ils se soient prononcés.

Le verdict peut être rendu soit à l'unanimité, soit même à la simple majorité. Il doit être conforme aux termes de l'indictment, et serait irrégulier s'il ne répondait pas aux questions qui y sont contenues. Le chef (*chancellor*) du jury en donne lecture.

Le verdict peut se présenter sous trois formes : coupable (*guilty*), non coupable (*not guilty*), non prouvé (*not proven*) (1). Quand le verdict est non coupable, la Cour prononce l'absolution et met l'accusé immédiatement en liberté, à moins qu'il ne soit committed sous une autre accusation. Quand un verdict de culpabilité a été rendu, le prosecutor demande à la Cour de prononcer son arrêt. Mais s'il ne le fait ou refuse de le faire, aucune sentence ne peut être prononcée. L'accusé peut ensuite prendre la parole sur l'application de la peine et présenter les objections ou exceptions nouvelles qu'il pourrait avoir à invoquer. Après avoir vidé ces incidents, s'il y a lieu, la Cour prononce la sentence.

Il n'entre point dans le cadre de cette rapide esquisse de traiter des peines qui sont édictées, car nous sortirions de la procédure criminelle pour entrer dans le droit pénal ; mais nous croyons bien faire en indiquant rapidement les pénalités usitées par les Cours écossaises. Ce sont : la mort, la servitude pénale, l'emprisonnement avec ou sans travail forcé, et finalement le *solitary confinement*. La peine de la flagellation est encore édictée dans certains cas particuliers (2).

De la limitation de la durée des procès. — Comme l'on a pu s'en convaincre par le rapide exposé que nous venons de faire, la procédure criminelle écossaise s'est efforcée de tenir la balance égale entre l'accusateur et l'accusé. Pour compléter l'ensemble des garanties accordées à ce dernier, une loi de l'an 1701, rendue sous le règne de Guillaume III, défendait qu'une détention préventive trop longue lui fut infligée par suite d'un procès traînant en longueur. A cet effet l'accusé committed remis en prison pouvait de-

---

(1) Mittermaier, *loc. cit.*, p. 542. Il n'est pas à notre connaissance que cette forme du verdict ait été supprimée. Cependant il nous paraît que M. Macdonald n'en parle point dans son remarquable traité.

(2) Macdonald, *loc. cit.*, p. 16 et 17.

mander au procureur fiscal que l'indictment lui fût signifié au plus tôt. Si le soixantième jour après cette demande, l'indictment n'avait pas été signifié au prévenu, ce dernier devait être mis immédiatement en liberté. Si l'indictment avait été signifié avant le soixantième jour, le procès devait être terminé avant l'expiration du centième jour ; si le cent-unième jour, le jugement n'était pas rendu, l'accusé devait être déchargé de la poursuite. L'accusé, mis en liberté par suite de l'expiration des délais dont il vient d'être parlé plus haut, pouvait néanmoins être incarcéré de nouveau au moyen de « *dernières lettres criminelles* », mais le procès devait être terminé le quarantième jour d'incarcération nouvelle. Le maximum de la détention préventive était donc de cent-quarante jours.

L'article 43 de la loi de 1887 a substitué à ce système les dispositions suivantes : le prévenu, auquel un indictment n'a pas été signifié dans les soixante jours, peut en donner avis au Lord Advocate, si, dans les quatorze jours qui suivent, l'indictment ne lui est pas signifié ; le procureur fiscal sera invité à faire connaître les motifs de ce retard. Si ses explications ne sont pas suffisantes, la Cour peut ordonner la libération du prévenu dans les trois jours, à moins que la signification ne soit faite pendant cette période. L'accusé ainsi relaxé peut être appréhendé de nouveau au moyen d'un warrant et remis en prison ; mais, si dans la première session qui suivra le jugement n'est pas prononcé, il peut soumettre l'affaire à la Haute-Cour qui aura un pouvoir discrétionnaire de décision, allant même jusqu'à ordonner la mise en liberté. Enfin, tout prévenu ayant passé cent-dix jours en prison sans que le procès soit terminé aura droit à la mise en liberté sans condition, à moins qu'il ne soit prouvé que le ministère public n'est pas responsable de ces délais. Dans ce dernier cas, la Cour prend les mesures rendues nécessaires par les circonstances.

www.ingramcontent.com/pod-product-compliance
Ingram Content Group UK Ltd.
Pitfield, Milton Keynes, MK11 3LW, UK
UKHW020016080726
13614UKWH00003B/1395